KB169748

적당한 거리

너도 나도 상처받지 않는

적당한 거리

김소원 지음

카시오페아
Cassiopeia

떨어져 있을 때의 추위와

붙으면 가시에 찔리는 아픔 사이를 반복하다가

결국 우리는 적당히 거리를 유지하는 법을 배우게 된다.

≈ 쇼펜하우어

누구에게나 적당한 거리가 필요하다

"선생님은 어떻게 상담 일을 하게 되셨어요?"

내담자들에게 자주 듣는 질문이다. 대학에서 상담이나 심리학을 전공한 것도 아니고 마음공부에도 관심을 두지 않았던 내가 어떻게 사람들의 마음을 치료하는 상담가가 된 것일까? 그 시작은 내 나이 서른에 찾아온 우울증과 정체성의 혼란이었다. 어릴 적 막연히 생각했던 '서른'이라는 나이는 인생에서 나아갈 방향을 잡고 배우자도 만나 안정된 생활을 누리는 시기였다. 하지만 현실에서의 나는 원하지 않는 직장에 꾸역꾸역 다니면서 무기력한 일상을 보내고 있었다. 그렇다고 연애가 잘 풀린 것도 아니었다. 내 마음이 이렇게 불안정한데 옆에 있는 상대가 그것을 못 느낄 리 없었다. (대부분 사람은 혼란을 주는 상대보다 안정감을 주는 상대와 가까이 있고 싶어 한다.)

　우리는 불안과 마주하는 것이 두려워서 그 감정을 잊을 만한 행동을 하며 회피해버리려는 경향이 있다. 친구를 만나서 수다를 떨거나 영화를 보거나 운동을 하거나 술을 마신다. 하지만 그것도 오래가지는 못한다. 회피했던 감정은 고요한 순간에 다시 어두운 그림자처럼 우리를 휘감는다. 그것은 대개 꿈속에서 상징을 통해 나타나기도 하고, 수년 후에 비슷한 사건을 통해 다시 느끼게 되기도 한다. 충격을 받았던 경험 속에서 느낀 격렬한 감정이 해소되지 않았기 때문이다.

　감정은 마치 에너지 덩어리와 같아서 밀어내면 밀어낼수록 몸에 착 달라붙는다. 이런 감정에 휘둘리지 않기 위해서는 힘들더라도 내가 느끼는 감정들을 하나씩 읽어주어야 한다. 처음에는 이렇게 감정과 마주하는 것이 어색하고 두려운 마음이 든다. 그래서 사람들은 안전한 환경에서 자신의 마음을 표출할 수 있는 상담가를 찾기도 한다.

이 책은 상담가의 도움 없이도 스스로 '셀프 상담'을 할 수 있도록 돕고 있다. 꼭지마다 자신의 마음을 돌아볼 수 있는 질문들을 넣었고 이 질문에 답해봄으로써 타인과의 관계 안에서 내가 느낀 감정, 욕구를 알 수 있도록 하였다. '내가 그 사람과의 관계에서 이런 감정을 느끼고 있구나. 내 마음속 깊은 곳에는 이런 소망이 있구나' 하고 솔직한 내 마음과 만날 때 나를 힘들게 하던 감정들은 서서히 물러가게 된다.

10년 가까이 사람의 마음을 다루는 일을 하며 알게 된 한 가지는, 대부분 사람이 인간관계로 힘들어하고 관계 속에서의 '감정'으로 인해 고통받는다는 것이다. 내 감정을 정확히 인식할 때 더는 타인에게 상처받지 않고 인간관계에서의 적당한 거리를 지킬 수 있게 된다. 이 책은 독자들에게 '적당한 거리'에 대한 네 가지 주제를 던지고 있다.

첫 번째, '나와 타인과의 거리'이다. 나와 주변 사람들의 관계에도 거리조절이 필요하다. 그러기 위해서는 내가 사람과의 사이에서 느끼는 다양한 감정과 그 속에 있는 욕구를 들여다보는 것부터 시작해야 한다. 문제를 '해결'하려 하지 말고 있는 그대로 솔직한 감정에 머무르는 연습을 해보자.

두 번째, '나와 세상과의 거리'이다. 사람은 누구나 자신만의 고유성(정체성)을 가진다. 하지만 집단문화를 중시하는 우리나라에서는 다름을 '틀림'으로 여기고 개인의 고유성을 무시하거나 박탈하는 경우가 많다. 사회 속에서 사람들과 조화롭게 지내면서도 나만의 정체성을 유지하기 위해서는 '나'에 대해 진중하게 고민해야 한다. 자신에 대해 잘 아는 사람은 앞으로 어떻게 살아야 할지 알며 타인에게 의존하지 않는다.

세 번째, '일과 여가와의 거리'이다. 성취지향적인 사회, 일 중심적인 사회 속에서는 본연의 자기(Self)를 잃기 쉽다. 요즘 유행하는 신조어인 워라밸(Work and Life Balance)은 삶에서 일과 여가의 조화를 이루고자 하는 현대인들의 소망을 반영한다. 사람에게는 자신에게 맞는 적당한 쉼이 필요하다. 여유가 없는 삶은 마치 과하게 바람을 불어넣어서 금방이라도 '뻥!' 터질 것 같은 풍선과도 같다.

마지막으로 '나와 나 사이의 거리'이다. 자신을 마치 타인을 바라보듯 객관적으로 바라보는 시선이 필요하다. 우리는 대개 자기중심적이며 때로는 이기적일 때도 있다. 타인의 결함은 눈에 잘 보이지만 자신의 결함은 잘 보지 못한다. 상담할 때 내담자들에게 자주 하는 말이 있다. 나에게 없는 것을 남에게 줄 수 없다고. 자신과 잘 못 지내는 사람은 타인과도 잘 지낼 수 없다. 바꾸어 말하면 내 삶의 주인인 나와 잘 지내는 사람이 다른 사람과도 좋은 관계를 맺을 수 있다는 말이다. 나의 20대 시절에 이것을 깨달았더라면 인간관계 때문에 힘들어하기보다 나 자신과 잘 지내는 노력을 먼저 했을 텐데 하는 아쉬움이 남는다.

《적당한 거리》는 삶, 관계, 감정에 서툰 나의 이야기 그리고 우리들의 이야기이다. 책 속에 등장하는 사례들은 내담자의 사생활 보호를 위해 가명으로 처리하였고 각색 및 재구성하였다. 부족한 필력임에도 이 책이 세상 밖에 나올 수 있도록 도움을 주신 카시오페아 출판사 민혜영 대표님께 진심으로 감사드린다. 또한, 나를 믿어주는 가족, 남편 그리고 아들 다민이에게 사랑한다는 말을 전하고 싶다. 매주 상담을 통해 '나를 찾는 여정'을 하고 있는 내담자들에게 이 책을 바친다.

2018년 4월 잠실 연구소에서
김소원

≈≈ 목차

6장 나와 나 사이의 거리 좁히기

1장

。

당신을 위한
안전한 거리 두기의 심리학

혼자 있으면 외롭고
같이 있으면 불편한 당신에게

"나 혼자 밥을 먹고

나 혼자 영화를 보고

나 혼자 노래하고

이렇게 나 울고불고

넌 떠나고 없어.

후회해도 소용없어.

오늘도 나 혼자."

한때 유행하던 유명 걸그룹의 노랫말 일부다. 사랑하는 사람과
이별하고 난 뒤에 오는 공허함을 홀로 달래는 상황을 가사에 담은
듯하다. 그런데 노래를 가만히 듣고 있으면 주인공의 정서가 그리

어두워 보이지 않는다. 이별 뒤의 아픔보다는 홀로 이리저리 돌아다니는 모습에서 자유로운 느낌마저 든다.

음악은 시대의 흐름을 반영한다고 했던가? 그녀들의 노래가 히트할 즈음 '혼놀', '혼밥' 등 혼자 무언가를 즐기는 '혼놀' 문화가 생겨났다. 좋은 일이든, 나쁜 일이든 공동체 안에서 늘 함께 해온 윗세대의 정서와는 사뭇 다르다. 몇 년 전까지만 해도 혼자 여행을 하거나 혼자 술을 마시는 것을 청승맞거나 친구가 없는 것으로 치부했던 사람들도 이제는 하나둘 혼자 다니는 것에 익숙해지는 듯하다.

직장인 사이에서도 이러한 혼놀 문화가 이어져 점심시간을 혼자 즐기는 사람들이 늘고 있다. 직장인에게 주어지는 유일한 자유시간인 점심시간에 동료와 밥을 먹는 대신 혼자 카페에서 샌드위치와 커피로 요기하며 잠시나마 심리적인 쉼을 누리는 것이다.

사람들의 눈치를 보느라 먹고 싶지 않은 메뉴를 선택할 필요도 없고, 의미 없는 대화를 이어갈 필요도 없다. 자신에게 주어진 한 시간을 오롯이 에너지를 충전하는 데 쓴다. 특히 민감한 성향의 사람들에게는 이런 혼자만의 시간이 더욱 필요하다. 그들은 한꺼번에 너무 많은 외부 자극이 주어지면 힘들어하고 에너지 소모도 많은 편이다. 그 때문에 쉬이 지치고, 퇴근해서 집에 돌아오면 축 처진 묵은지 마냥 뻗어버리고 만다.

하지만 이러한 혼놀 문화를 회의적인 시각으로 바라보는 이들도 있다. 너무 개인주의적인 사회로 흘러가는 것 아니냐, 혼밥, 혼술 등 혼놀 사진을 SNS에 올리는 것은 보여주기식의 또 다른 허세가 아니냐는 비판이다. 이런 시각에도 일리는 있지만 이렇게 혼족이 늘어나는 것은 공동체 속에서 피로감을 느끼고 지친 사람이 많다는 것을 반영한 우리 사회의 단면임에는 분명하다.

몇 년 전 우연히 '걷방'이라는 팟캐스트를 들은 적이 있다. 모 신문사의 여성기자가 운영하던 채널로, 그녀는 혼자 길을 걸으며 보고 듣고 느낀 생각들을 방송을 통해 청취자들에게 전했다. 그런 그녀에게 주변 사람들은 "왜 혼자 걸어 다녀. 좋은 사람들과 함께 걷지", "그럴 시간에 차라리 연애나 해"라는 조언을 던지기도 했다. 그럼에도 그녀는 혼자 묵묵히 걷기를 지속했다.

그녀의 혼자 걷기 습관은 인간관계의 불편함에서 시작된 것은 아니었다. 그녀는 그저 혼자 걸으며 자연스럽게 떠오르는 느낌이나 생각에 집중했다. 그러자 사람들 속에 있을 때는 미처 생각하지 못했던 것들이 떠오르고, 진짜 자기다운 모습이 되어가는 것 같은 느낌을 받았다. 어려서부터 주변 사람들에게 맞추며 살아야 한다고 당부해온 부모님 때문인지, 그녀는 늘 사람들 속에서 자신을 감추고 타인의 생각에 동조할 때가 많았다고 한다. 그럴수록 자괴감이 들고 자신을 속이는 것 같아 마음이 불편했는데 '걷방'을 하면서 자신이 어떻게 느끼고 무엇을 바라는지 알게 된 것이다.

그녀에게 '혼자 걷기'는 진정한 자신을 찾아가는 여정이었으리라.

나도 상담이 없는 날에는 인근의 공원을 아무 생각 없이 걷곤 한다. 어떤 목적도, 이유도 없이 걷다 보면 문득 평소 생각지 못했던 영감이 떠오르기도 하고, 복잡했던 마음이 조금씩 비워지기도 한다. 집단생활을 하다 보면 남들이 나를 어떻게 생각하는지, 어떻게 평가하는지 신경을 쓰게 되는데, 혼자 조용히 걸으며 사색하다 보면 온전히 나에게 집중할 수 있다.

과유불급은 인간관계에도 적용된다. 사람들과 너무 가까이 붙어 있는 것이 스트레스가 되기도 하고, 혼자 지내는 시간이 너무 길어지는 것도 좋은 것만은 아니다. 혼놀 문화는 어쩌면 공동체 의식을 중요시하던 우리나라에서 한 번쯤 겪고 지나가야 할 성장통이 아닐까 싶다. 서로의 자율성을 존중해주며 더불어 살아가는 것이 우리가 진정 원하는 삶의 모습일 것이다.

우리는 이원론적 사고에 익숙하지만, 인간관계는 이것 아니면 저것으로 구분해야 하는 무엇이 아니다. 때로는 함께할 때도 있고, 때로는 혼자서 시간을 보내야 할 때도 있다.

중요한 것은 '같이 모드'와 '혼자 모드'를 자유롭게 전환할 수 있는 능력이다.

인간관계가 힘든 이유는 '같이 모드'와 '혼자 모드'를 자유자재로 전환하지 못해서이다. 사람들과 함께 있을 때는 허용할 수 있는 만큼만 자신을 개방하고 나누면 되고, 혼자 있을 때는 사람들 속에서 하지 못했던 것을 자유롭게 누리면 된다.

누군가와 같이 있으면 불편하고 혼자 있으면 외로운 당신에게 상담가로서 해줄 수 있는 말은, 누구나 조금씩은 사람들 속에서 불편함을 느끼고 민감한 사람이라면 다른 사람들에 비해 조금 더 느낄 수 있다는 것이다. 그러니 사람들 속에서 불편함을 느끼는 자신을 '문제 있는 사람'으로 여기기보다 불편한 이유를 노트에 한번 적어보는 것이 도움이 될 수 있다.

혼자 있고 싶은 마음은 정말 혼자 있고 싶은 마음이기도 하지만, 사람들 속에서 존중받지 못하거나 자신이 있는 그대로 받아들여지지 않는 실망감을 반영하기도 한다. 사람들 속에서 적당히 어울릴 수 있고, 혼자서도 잘 즐길 수 있는 사람이 진정한 '혼족'이 아닐까?

1. 나는 혼자 있는 것을 좋아하는 사람인가, 아니면 누군가와 함께 있는 것을 좋아하는 사람인가? (중복 선택 가능)

2. 마음이 답답할 때 친구나 주변 사람에게 마음을 털어놓는가? 그렇지 않다면 이유는 무엇일까?

3. 지금 나에게 필요한 인간관계는 무엇일까?

잃어버린 나의 욕구를 찾아서

요즘 나의 최대 고민은 스마트폰 사용제한이다. 게임이나 인터넷 검색을 즐겨 하는 편은 아니지만, 글을 쓰기 위해 SNS(Social Network Service: 특정한 관심이나 활동을 공유하는 사람들 사이의 관계망을 구축해주는 온라인 서비스)에 접속하거나 사람들과 소통하느라 나도 모르게 휴대폰을 손에 쥐고 있는 시간이 길어진다. 언젠가부터 휴대폰이 시계, 계산기, 지도, 지하철노선도, 신문, mp3의 역할을 모두 하다 보니 휴대폰이 손에서 멀어지면 불안해지는 이른바 '스마트폰 금단증상'이 생긴 것 같다.

휴대폰을 손에서 놓지 못하는 또 하나의 이유가 있다. SNS에 올린 글에 반응하는 사람들의 '좋아요'가 그것이다. 최근에 나는 블로그와 인스타그램에 입문하게 되었는데, 특히 인스타그램의 경우에는 내가 올린 글이나 사진에 대한 반응이 매우 즉각적으로 보이기 때문에 자연스레 사람들의 반응을 살피게 된다.

멋진 사진을 첨부하거나 내가 하고 싶은 이야기를 글로 옮긴 후 저장버튼을 누르면 업로드가 되기 무섭게 빨간 하트가 쏟아진다. 이러한 반응은 글을 올린 사람으로 하여금 꽤 근사한 느낌을 받게 한다. 관심받고 싶은 병(?)이 있는 것은 아니지만, 사람들이 내 글을 읽어주고 호감을 표시해주는 것은 기분 좋은 일이기 때문이다.

이러한 SNS 시스템을 개발한 사람은 사람의 심리를 꽤 잘 파악한 듯하다. 우리는 늘 누군가로부터 인정받고 사랑받고 싶어 한다. 정도의 차이는 있겠지만 인정 욕구는 인간의 가장 기본적인 욕구이기 때문이다. 인정 욕구는 매우 어릴 때부터 드러나는데, 어린아이들도 그림을 그리거나 누군가의 앞에서 춤을 추고 노래를 부르며 상대의 반응을 살핀다. 상대가 자신의 퍼포먼스를 보며 놀라고 즐거워하는 모습을 보며 스스로에 대한 만족감을 느낀다. 타인의 인정은 이렇듯 개인의 자존감을 높여주기도 한다.

유년시절에 의미 있는 타인(대개 부모님)으로부터 관심받지 못했거나 부정적인 피드백을 자주 들어온 사람이라면 건강한 자존감을 형성하기 어렵다. 그러면 인정 욕구 결핍으로 이어지고 계속 타인의 인정과 칭찬을 갈구하게 된다. 물론 SNS를 하는 모든 사람이 인정과 칭찬을 받기 위해 하는 것은 아니다. 자신과 비슷한 취미나 활동을 하는 사람들과 교류하고 관계망을 구축하기 위해

SNS를 하는 경우도 많다.

자존감에 대한 연구로 유명한 정신분석가 이무석 씨의 강연에 참석한 적이 있는데, 그가 청중들에게 했던 이야기가 문득 떠오른다. 그는 우리 사회의 가장 병리적인 현상을 '인정중독'으로 보았다. 우리는 애어른 할 것 없이 자신의 능력을 타인으로부터 인정받으려고 하는 경향이 있다. 능력에만 국한하는 것이 아니라 개인의 취향, 인성까지도 누군가가 인정해주어야만 자신에게 긍정적인 느낌을 가지는, 인정에 집착하는 병에 걸린 것이다. 그는 우리나라 사람들의 성공에 대한 집착을 이야기하며 많은 사람이 '성공'이라고 쓰인 깃발만 보며 냅다 뛰느라 그 길이 내 길인지, 내가 무엇을 원하는지 알지 못한다고 말한다. 그래서 결국 사람들이 규정해놓은 성공의 길에 들어선 사람도, 들어서지 못한 사람도 모두 마음에 병이 생긴다. 두 경우 모두 자신의 욕구를 명확히 알지 못하기 때문이다.

사람의 마음을 치료하는 사람으로서 나도 그의 말에 전적으로 동의한다. 대한민국은 인정에 목마른 사람들로 가득 찬 '인정중독' 사회이다. 누군가에게 긍정적인 피드백을 들어야 안심이 되고, 자신이 제대로 하고 있다는 생각이 든다. 보통은 자신에 대해 제대로 모르거나 우유부단한 사람들에게서 이러한 모습을 볼 수 있는데, 최근 심리상담을 받는 대부분 사람이 자신의 욕구를 너무 모르고 있다는 느낌을 받았다. 심지어 50대 이상의 사람 중에도 자신이 무엇을 원하는지 모르고 사는 경우가 허다하다.

우리는 왜 이렇게 자신의 욕구도 인식 못 하는 사람들이 된 것일까? 나는 그 이유를 두 가지로 본다. 첫 번째는 우리나라 특유의 왜곡된 비교문화, 두 번째는 감정 표현을 억압하는 환경이다. 우리는 어렸을 적부터 성공과 행복의 이미지를 부모로부터 학습해왔다. 고등교육을 받고, 일류 대학에 들어가고, 대기업에 취직하거나 전문직에 종사하며 아이를 낳고 행복하게 사는 것이 마치 우리 모두가 가야 할 성공의 지표인 것처럼. 그러다 보니 그러한 성공 노선에서 벗어나면 마치 인생에서 낙오자가 된 것처럼 자신을 깎아내리게 된다. 우리는 각자 다른 재능과 성향을 지녔고 각자 원하는 것이 다름에도 말이다.

타인이 규정한 가치의 조건화 속에서는 타인의 인정만이 자신의 존재가치를 인정받을 수 있는 유일한 방법이다. 그래서 우리는 계속해서 자신이 아닌 타인에게 묻는다.

"저 지금 제대로 가고 있는 건가요?"

두 번째 이유는, 감정 표현을 억압하는 환경이다. 어릴 적에 뛰다가 넘어진 경험은 누구나 있을 것이다. 넘어지면 아프기도 하고 창피하기도 하고 부끄럽기도 하고 울고 싶기도 하다. 하지만 우리가 넘어졌을 때 어른들에게서 자주 들었던 말이 있다.

"울지 마. 겨우 그거 가지고 뭘 울어."

넘어져서 아픈데 울지 말라니, 너무나 잔인한 반응이다. 우리는 어린 시절부터 아파도 울지 말아야 하고, 슬퍼도 슬퍼하면 안 된다고 배웠다. (물론 부모로부터 자신의 감정을 온전히 수용 받았던 사람은 자신의 욕구나 감정을 비교적 명확히 표현할 수 있다.) 이런 경험이 수차례 반복되면 우리는 감정을 인식하는 방법조차 잊어버리게 된다. 마음속에 올라오는 감정이나 욕구를 무의식적으로 억누르는 것이다. 의도하지 않았다 할지라도 이런 학습이 반복되면 자신의 몸에 저장된다.

자신의 욕구를 인식하지 못한 채, 다른 사람이 좋다고 하는 삶을 마치 내가 원하는 삶인 양 영혼 없이 살아가는 모습이 바로 우리들의 모습이다. 비극도 이런 비극이 없다. 자신에게 서툰 사람들은 결국 자신의 욕구를 잃어버린 사람들이다.

지금부터라도 잃어버린 나의 욕구를 되살려야 한다. 남들이 말하는 성공이 아닌 '자기만족'을 찾아야 한다. 남이 원하는 것을 쫓느라 등한시했던 나의 욕구에 관심을 기울이고 나에 관한 공부를 시작해야 한다. 자존감은 어느 누구의 눈치도 보지 않고 내가 좋아하는 것을 하는 태도에서 나온다. 남들에게는 하찮아 보이는 취미라도 나에게 강력한 영감을 준다면 그것은 내가 해야 할 일이다. 누군가의 의미 없는 '좋아요'보다 더 중요한 것은 내 마음의 두근거림을 듣는 일이다.

1. 나는 타인에게 어떤 사람으로 비치고 싶은가?

2. 타인이 인정할 만한 내 모습에는 어떤 것들이 있는가?

3. 내가 보는 나, 타인이 보는 나에 대해 적어보자.

내가 보는 나	타인이 보는 나

불행한 완벽주의자들을 위한 경고

대학생 지훈 씨는 시험기간이 아님에도 한 시간째 책상 앞에서 무언가를 쓰고 다시 고쳐 쓰고 암기하기를 반복하고 있다. 그의 목소리는 차분하고 정돈된 느낌을 준다. 하지만 그는 무언가 안심하지 못하는 표정으로 자신이 써놓은 글을 다시 읽기 시작한다. 눈을 감고 문장들을 떠올려보기도 하고 두 손으로 자연스러운 몸짓을 연습하기도 한다.

다음 날, 지훈 씨는 한 시간 정도 일찍 강의실에 도착해서 어제 읽었던 내용을 작게 소리 내어 되뇌었다. 그날은 같은 학과 선후배 간의 만남이 있는 날이었다. 하나둘 사람들이 모였고 이내 자기소개를 하는 시간이 되었다. 한 명씩 나가서 자신을 소개하고 서로 알아가는 시간을 가졌다. 사람들이 웃고 떠드는데도 지훈 씨는 그 시간 속에 함께 하지 못했다. 자기소개를 떨지 않고 해야 한다는 강박관념과 실수할지 모른다는 두려움에 압도되었다. 그의 차례가 다가올수록 손은 땀으로 젖고 목은 타들어갔다. 앞에 놓인 물로 목을 축이며 긴장을 풀려 애썼지만 그럴수록 몸은 더 굳어지는 것 같았다. 드디어 그의 이름이 호명되었다.

"아, 안녕하십니까? 저, 저는 16학번 김…지훈입니다. 저… 저어… 저는…….."

어젯밤 혼자 연습했을 때와는 달리 그의 목소리는 심하게 떨렸고 얼굴에서 목까지 시뻘겋게 달아올랐다. 사람들이 자신을 바라보는 시선에 그의 불안감은 더 높아졌고 어느 순간부터는 자신이 무슨 소리를 하는지 모를 정도로 횡설수설했다. 이 고통스러운 순간이 빨리 흘러 모든 것이 끝나버렸으면 하는 마음뿐이었다.

그날 이후 그는 더는 과모임에 나가지 않았고, 발표수업이 있을 것 같은 과목은 수강신청에서 모두 제외했다. 그는 사회공포증(Social Phobia)으로 힘들어하며 심리상담을 의뢰하였다.

180cm의 훤칠한 키에 흰 피부와 준수한 외모, 내가 본 지훈 씨의 첫인상이었다. 어디 하나 나무랄 것 없는 외모를 지녔음에도 그는 다소 불안해 보였고, 고개를 푹 숙인 채로 상담실에 들어왔다. 고등학교 때까지 학업성적도 좋았고 수줍음이 많긴 했지만 교우관계도 비교적 원만했던 그였다. 하지만 대학에 입학하고부터 본격적으로 드러난 불안 증세는 그를 일상생활도 할 수 없게 만들

었다. 낯선 사람들 앞에 서면 얼굴은 빨개지고 손에는 땀이 나고 심장은 미친 듯이 쿵쾅거렸다.

사회공포증은 다른 사람들 앞에서 창피하거나 당황스러운 일을 경험한 후 여러 가지 사회적 상황을 피하게 됨으로써 일상생활 기능이 저하되는 심리적 질환이다. 우리나라에서도 매우 흔하게 나타나는데, 특히 대학생이나 20~30대의 직장인들이 이러한 사회공포증으로 고통받다 상담센터를 찾는다. 그들은 대개 여러 사람 앞에서 발표할 때 극도로 불안해하며 이성과의 만남을 매우 어려워한다.

이들의 마음속에는 '실수하면 안 된다'는 생각이 지배적으로 깔려 있다. 실수하면 다른 사람들에게 우스갯거리가 될 것 같고, 완벽하게 하지 않으면 안 하는 것보다 못하다는 생각, 모든 사람이 나를 주시하고 있고, 나는 절대 사람들 앞에서 유창하게 말을 못할 것이라는 불안감, 사람들이 나를 한심하게 생각할 것이라는 비합리적 신념(Irrational Belief)이 내재되어 있다. 그리고 이것은 과거에 수치심이나 열등감을 느꼈던 경험에서 기인할 때가 많다.

가령 학교에서 친구들에게 외모 지적을 당했거나, 부모로부터 '잘하지 않으면 안 된다'는 메시지를 지속적으로 들어온 경우, 혹은 타인 앞에서 치명적 실수를 했던 경험이 있거나 그때의 감정들이 해결되지 않은 채 무의식 속에 남아 있을 때, 사람들 앞에 서게 되면 극도의 불안감이 올라온다. 이들은 대개 자의식이 높고 타인이 자신을 계속해서 지켜보고 있다는 착각을 하는 경향이 있다.

이들에게 필요한 것은 그들이 가진 비합리적 신념을 합리적 신념으로 바꾸고, 자신을 괴롭히는 열등감을 하나씩 꺼내어 바라봄으로써 부족함을 있는 그대로 인정하는 일이다.

〈비합리적 신념의 예〉	〈합리적 신념의 예〉
모든 사람이 나를 지켜보고 있다.	타인은 생각보다 나에게 관심이 없다.
모든 것을 완벽하게 해내야만 한다.	조금 실수해도 괜찮다.

지훈 씨는 1년이라는 시간 동안 나에게 상담을 받으며 그가 오랫동안 가지고 있던 비합리적 신념을 인식하고 합리적 신념으로 바꾸는 작업을 실행했다. 모든 사람이 자신을 지켜보고 있다는 생각, 모든 것을 완벽하게 해내야만 한다는 생각을 조금 더 현실성 있고 유연한 생각으로 변화시키는 작업이었다. 타인이 나를 쳐다본다고 생각할 때의 느낌을 상담자와 나누고 그때의 불안감이나 두려움을 정확히 직시하는 작업도 하였다.

타인과의 관계 속에서 지속적인 불편함이나 괴로움을 느낀다면 우선 그 마음속에 내재된 불안이 어떤 것인지 알아차려야 한다. 무언가 제대로 하지 못했을 때 사람들이 나를 형편없는 사람으로 여길 것 같은 불안, 비판받는 것에 대한 불안, 거절당하는 것에 대한 불안, 아무도 자신을 사랑해주지 않을 것 같은 불안, 특별함을 보여주지 못하면 쓸모없는 존재가 될 것 같은 불안 등 우리 내면에 도사리고 있는 불안의 정체를 밝혀야 한다.

'불행한 완벽주의자'라는 말이 있다. 현실적으로 달성하기 힘든 높은 기준을 설정하여 끊임없이 자신을 그 틀에 맞추려 노력하고, 그 기준에 못 미칠 때는 자신을 질책하는 사람들을 일컫는다. 그들은 어중간하게 할 바에는 시도 자체를 하지 않고 뒤에서 관망하는 쪽을 택한다. 학업도, 업무도, 집안일도, 육아도 이들에게는 늘 완벽하게 해내야 하는 과업이며 잘하지 못했을 때는 스스로 심판자가 되어 엄하게 처벌하기도 한다. '나는 이것밖에 못 하는 사람이야. 이런 내가 정말 한심하고 쓸모없게 느껴져'라며 질책한다. 자신의 부족함을 인정해본 적이 없기에 더욱 가혹하게 자신을 내모는 것이다. 타인 앞에서는 이 기준이 더 높아진다. 남들이 보기에 그럴듯하게 발표를 하거나 성과를 내야 존재로서 가치를 인정받을 수 있다고 생각한다.

이런 사람들에게 필요한 것은 내가 완벽하지 않아도 여전히 나는 괜찮은 사람이라는 믿음이다. 이러한 믿음은 하루이틀 새 생기지 않는다. 실수하거나 부족해도 괜찮다고 너그럽게 봐주고 격려해주는 거울과 같은 존재(상담가 혹은 주변의 의미 있는 타인)와의 새로운 관계를 통해 자아상을 확립해야 한다. 이러한 관계의 재경험 (Re-experience)은 '불행한 완벽주의자'들에게 잘해야 하고 뛰어나야 한다는 강박에서 벗어나게 해주고 다른 사람과 진정으로 소통하고 사랑할 수 있는 마음의 여유를 가지도록 해준다.

'나를 지켜보는 타인'이 아닌 '나와 교감하는 타인'으로 인식이 전환될 때 새로운 관계가 시작된다.

1. 사람들 앞에서 숨기고 싶은 나의 약점은 무엇인가?

2. 그러한 약점에 대해 내가 느끼는 감정은 무엇인가?

3. 그 약점에 대해 내가 가진 비합리적 신념을 합리적 신념으로 바꾸어보자.

비합리적 신념	합리적 신념

혼자 있을 자유를 허하라

나는 미술과 음악에 대해 잘 모른다. 하지만 아는 것과 좋아하는 것은 별개인지 그 둘을 참 좋아한다. 상담이 없는 날에는 차 안에서 평소 좋아하는 음악을 듣기도 하고, 경복궁 근처를 배회하다가 불현듯 어떤 작품에 끌려서 미술관에 들어가 보기도 한다.

지난가을, 우연히 내 눈을 사로잡은 전시가 있었다. 최용신 작가의 〈Link: 관계 또는 연결함〉이라는 주제로 마련된 설치미술이 그것이다. 전시 공간에 들어선 순간 내 눈과 귀를 잠시 의심했다. 내가 방문한 곳은 미술관인데 그곳에는 천정부터 바닥까지 복잡하게 얽힌 철사꾸러미들이 기괴한 소리를 내며 서로 부딪히고 있어서 마치 공장에 와 있는 듯한 착각을 불러일으켰기 때문이다. 작품을 멀리서 바라볼 때는 마치 빗지 않아 마구 엉켜 있는 머리카락처럼 너저분해 보였는데 가까이 다가가 보니 사람 모양으로 만들어진 철사 인형들이 서로 의지하며 붙어 있었다.

그들의 손과 발은 고리처럼 연결되어 있었고 그것들은 개인이 아닌 집단이라는 또 다른 세계를 창조했다. 나는 이 작품이 우리가 사는 세상의 일면을 보여주고 있다는 생각이 들었다. 우리는 아침부터 밤까지 누군가와 끊임없이 관계를 맺는다. 출근길에 무수히 많은 사람과 옷깃을 스치기도 하고 지하철을 타서도 SNS에 접속하며 서로의 안부를 묻고, 얼굴도 본 적 없는 사람들과 글과 사진으로 소통한다. 회사에서는 직장 동료와 일을 하고 밥을 먹고 대화를 나누며 가족보다 더 많은 시간을 함께 보낸다. 집에 돌아와서는 가족과 혹은 반려동물과 함께 일상을 보낸다.

타인과의 의미 있는 만남은 자신을 성장시키고 그 안에서 진정한 나를 발견하도록 해준다. 하지만 사람들과의 만남이 늘 기분 좋은 것만은 아니다. 무수히 많은 관계 속에서 우리의 몸과 마음은 지치기도 한다. 일종의 인간관계 소진(Burnout) 증상이다.

스마트폰의 보급과 각종 매체의 발달로 우리는 편리함을 얻었지만 개인이 누릴 '혼자 있을 자유'를 잃은 것 같다. 일하고 돌아와 따뜻한 차를 마시며 몸과 마음을 쉬는 중에도 나를 찾는 누군가의 벨소리에 '쉼'을 멈춤 해야 하는 상황이 발생한다. 바쁘게 돌아가는 삶을 멈춤 하기 위해 쉬는 것인데 작은 전자기기 하나가 삶의 흐름을 완전히 바꾸어놓은 것이다.

인간관계에서 피로를 느끼는 사람은 비단 나뿐만이 아닐 것이다. 아마도 모든 직장인, 주부, 심지어 아이에 이르기까지 대인관계에 대한 고민은 늘 삶에서 큰 화두이다. 만약 세상 사람들이 모두 자신에게 우호적이고 상냥하고 공감해준다면 대인관계에서의 피로감은 매우 줄어들 것이다. 하지만 세상 사람들은 내 요구에 맞춰주지 않고 각자가 하고 싶은 말을 하고 듣고 싶은 대로 듣는다. 서로 대화는 나누고 있지만 마음이 만나지 않는 '자기식의 대화'를 하는 사람이 많다. 그러면 나는 관계 속에서 말이 적어지기도 하고 듣는 역할을 자처하기도 한다.

나는 상담가답지 않은(?) 음악 취향을 가지고 있는데, 그중 하나가 힙합이다. 최근 즐겨 듣는 곡은 래퍼 넉살과 가수 김범수가 함께 부른 '필라멘트(Filament)'인데 후렴구에서 들려주는 가사가 왠지 모르게 내 마음속에 훅 들어왔다.

가만히 바라봐
나의 작은 방을 홀로 밝히는 Light
Too many ups and down
언젠가 빛을 다하고 끝어질까

어쩌면 어둠이 더 편할 수 있어 오히려

그게 더 자유로울 수 있어

Life like filament

이 곡은 넉살이라는 래퍼가 10년간의 무명시절에 사람들로부터 무시받고 상처받은 마음, 부모님께 죄송한 마음을 털어놓으며 자신의 삶을 돌아보는 스토리를 담고 있다. 가사를 가만히 듣고 있으면 그가 느낀 슬픔과 외로움이 고스란히 전해지는 듯하다. 어둠 속에서 오히려 편하고 자유로울 수 있다는 것은, 반대로 밝음 속에서는 세상의 온갖 수모를 거스르지 않고 겪어야 한다는 말이다. 사람들 속에서 깨지고 찔리는 아픔을 느끼는 것보다 혼자 어둠 속에서 자신이 사랑하는 랩을 하는 것이 더 자유롭다는 말은 글을 쓰는 사람으로서 무척 공감되었다.

우리는 관계 속에서 사랑하고 상처받고 실망하고 또다시 관계 맺기를 반복한다. 인간은 살아 있는 한 누군가와 관계를 맺지 않고서는 살아갈 수 없는 사회적 존재이기 때문이다. 하지만 복잡한 시대를 사는 우리에게 필요한 것은 자신의 정신건강을 지킬 수 있을 정도의 인간관계이다. 나와 관계를 맺는 모든 사람을 이해한다면 갈등의 소재가 생기지 않겠지만 그것은 비현실적인 일이다. 내가 할 수 있는 최선은 타인과의 적당한 거리 유지와 관계 속에서 나를 지켜나가는 것이다.

이런 능력을 갖춘다는 게 하루아침에 되는 것은 아니다. 사람들과 만남과 실패를 반복하다 보면 자신만의 대인관계 기술이 점차 늘기도 하고, 관계문제에서 힘들 때 그 주체를 타인비난이 아닌 자아성찰로 전환하면서 긍정적인 변화를 경험하기도 한다. 타인의 말과 행동은 내가 통제할 수 없지만 그것에 상처받지 않는 내가 될 수는 있기 때문이다.

무분별한 자극과 연결에 노출되어 있는 시대를 사는 우리에게 필요한 것은 정신건강을 해치지 않을 정도의 인간관계와 혼자만의 고요한 시간을 확보하는 일, 그리고 외부 자극으로부터 나를 지킬 수 있는 마음의 힘이 아닌가 싶다.

1. 현재 내가 맺고 있는 인간관계 중에서 서로 간에 거리조절이 어려운 관계가 있다면 적어보자.

2. 그 관계에서 자주 발생하는 갈등은 무엇인가?

3. 지금 당신이 느끼는 감정은 무엇인가?

4. 서로의 관계를 위해 필요한 것은 무엇인가?

5. 갈등해소를 위해 내가 할 수 있는 노력에는 어떤 것들이 있을까?

느닷없이 '온도' 시리즈가
유행인 이유

최근 TV나 서점가에서 '온도' 시리즈가 유행하고 있다. 최근 100만 부를 돌파해 독자들을 온도 열풍으로 밀어 넣은 이기주 작가의 《언어의 온도》를 비롯하여 정신과 의사 김병수의 《감정의 온도》, 높은 시청률을 자랑하는 드라마 〈사랑의 온도〉까지. 우리는 왜 이렇게 '온도'에 열광하게 된 것일까?

사람에게는 '귀소본능(Homing instinct)'이라는 것이 있다. 말 그대로 집으로 돌아가고 싶은 마음이다. 사람뿐 아니라 동물들에게도 귀소본능이 있는데, 해안의 바위에 붙어사는 어패류도 낮에는 여기저기로 이동하며 다니다가 저녁이 되면 일정한 바위그늘로 되돌아가는 모습을 보인다고 한다. 이처럼 생명체에 있어 자신이 양육된 가장 친숙한 곳으로 돌아가고자 하는 본능이 귀소본능 혹은 회귀본능이다.

인간에게 가장 친숙한 집, 그리고 숨 쉬었던 첫 공간은 엄마의 자궁이다. 엄마의 따뜻한 양수 속에서 태아는 헤엄도 치고 양분을 먹고 엄마의 목소리를 들으며 편안함을 느낀다. 인간에게 가장 편안하고 완벽한 공간이다. 더불어 가장 완벽한 온도일 것이다. 집에서 떨어져 살게 되면 집밥이 그리워지고 어린 시절 뛰어놀던 놀이터나 텃밭이 그리워지는 것도 그때 느꼈던 마음의 온도를 다시 느끼고 싶은 현대인들의 귀소본능이 아닐까?

인스타그램에 자주 올라오는 따뜻한 불빛이 있는 아늑한 카페와 머그잔에 예쁘게 담겨 있는 커피, 달콤한 쿠키와 디저트 사진들에 사람들이 열광하는 이유도 차가워진 마음의 온도를 높이고 따뜻함을 느끼고 싶은 소망 때문일 것이다. 음식은 심리학적으로 '사랑'을 상징한다. 커피를 마시거나 달콤한 케이크를 한입 베어물음으로써 사랑을 채우는 것이다. 현대인들은 늘 사랑이 그립고 따뜻한 온도가 그립다.

보고 있으면 마음 온도가 1도쯤 높아지는 영화가 있다. 그 영화를 보고 있으면 마치 어디선가 갓 지은 따뜻한 밥 냄새와 구수한 커피 향이 나는 듯하다. 영화 〈카모메 식당〉의 주인공인 사치에는 북유럽의 조용한 나라 핀란드에서 작은 오니기리(주먹밥) 식당을 운영하는 여성이다. 그녀는 매일 아침 가게 문을 열고 청소를 하고 식재료를 다듬는 것으로 하루를 시작한다. 부지런히 손님 맞을 준비를 하지만 카모메 식당에는 한 달째 파리 한 마리조차 날아들지 않는다. 그럼에도 사치에는 마음의 동요 없이 오늘 자신이 해야 할 일에 집중한다. 이웃 주민에게 커피를 더 맛있게 내리는 법을 배우고 달콤한 시나몬롤을 구워서 가게에 오는 손님들에게 하나씩 나눠주기도 한다.

길을 지나가던 사람들은 그런 그녀에게, 그리고 카모메 식당에 하나둘 관심을 가지기 시작한다. 일본어와 만화캐릭터에 관심이 있는 20대 핀란드 청년, 자신을 버리고 떠난 남편에 대한 원망으로 술에 찌들어 사는 부인, 불현듯 짐을 싸서 무작정 핀란드로 여행 온 일본 여성, 공항에서 짐을 잃어버린 후 정체성의 혼란을 겪는 중년여성까지. 카모메 식당은 사람들이 지나가다가 잠시 들러주린 배도 채우고 이야기도 나누는 동네 사랑방 같은 곳이 되었다.

주인공 사치에는 그녀의 식당에 와서 사연을 털어놓으며 힘들어하는 그들을 단 한 번도 외면하지 않고 받아주었다. 심지어 식당에 무단 침입한 남자에게도 사정을 묻고 손수 만든 주먹밥을 내어주었다. 그렇다고 사람들을 위로하거나 따뜻한 말을 건네는 건 아니다. 다만 오늘도, 내일도 누군가를 위해 따뜻한 음식을 만들 뿐이다.

사치에가 카모메 식당의 주메뉴를 주먹밥으로 정한 데는 나름의 이유가 있었다. 그녀는 어렸을 적 일찍 어머니를 여의고 집안

살림을 도맡아 했다. 그런 그녀에게도 일 년에 두 번 다른 사람이 만들어준 음식을 먹을 기회가 있었는데, 운동회와 소풍날이었다.

그녀의 아버지는 주먹밥은 다른 사람이 만들어준 게 훨씬 맛있다며 이른 아침에 일어나 딸을 위해 도시락을 쌌다. 아버지의 주먹밥은 어린아이가 좋아할 만한 재료가 아닌 연어, 매실, 말린 생선을 조금씩 넣은 크고 못생긴 주먹밥이었지만 그녀는 세상에서 가장 맛있는 음식이었다고 말하며 미소를 짓는다. 그녀의 이야기를 듣던 동료의 눈에는 눈물이 고인다.

"커피는 다른 사람이 타준 게 더 맛있는 법이죠."
"주먹밥은 다른 사람이 만들어준 게 훨씬 맛있어요."

이 영화에 자주 등장하는 대사들이다. 같은 재료로 만드는데도 유독 다른 사람이 만든 음식이 맛있다니 어찌 보면 이상한 일이지만 이 이야기를 듣고 있는 누구나 무심결에 고개를 끄덕일 것이다.

최근 나는 독감을 앓았다. 처음에는 감기몸살인 줄 알고 이불로 몸을 꽁꽁 싸매고 누워 있었는데 금세 39도까지 열이 오르고 몸이 부서질 것 같은 통증이 밀려왔다. 몇 년간 육아와 일을 병행하며 건강을 제대로 돌보지 못한 탓에 면역력이 떨어질 대로 떨어진 모양이었다. 끙끙 앓던 내가 안쓰러워 보였던지 친한 친구 하나가 집 앞에 찾아왔다. 그녀의 한 손에는 빵 봉지, 다른 한 손에는 커다란 보온병이 들려 있었다. 보온병의 뚜껑을 열자 온갖 과일과 꿀 냄새가 코끝을 자극했다. 오렌지, 사과, 레몬 등 비타민이 풍부한 과일과 꿀을 넣고 끓인 오묘한 색깔의 과일차였다. 아픈 나를 위해 고생하며 만든 그녀의 정성을 생각하니 마음 한 켠이 따뜻해졌다.

친구가 만든 특효약 덕분일까? 일주일 동안 지독하게 나를 괴롭히던 독감은 점차 호전되었고 피로했던 몸도 조금씩 제자리를 찾아갔다. 과일과 꿀이 독감에 좋은 음식인지는 알 수 없지만 중요한 것은 누군가가 나를 걱정하며 만들어준 음식이 몸의 회복을 도왔다는 것이다. 그리고 그것은 무척 맛있었다.

누군가를 생각하는 마음을 담으면 사소한 것일지라도 '사람의 온기'가 그 속에 깃드는 것 같다. 그것이 음식이든, 손편지든, 작은 선물이든 마찬가지이다. 심지어 누군가가 보낸 톡이나 댓글에도 그 사람의 온기가 느껴질 때가 있다.

혼자 있는 것이 편하기도 하지만 우리는 사회적 존재이기에 때로는 옆에 있어 줄 누군가가 필요하다. 나를 받아주고 이해해주는 사람 혹은 따뜻한 온기를 전해주는 이를 그리워하는 것, 그것이 냉혹한 현실을 살아가는 우리들의 자화상이 아닐까?

○●

그는 상처 주기 위해
당신 앞에 온 것이 아니다

"선생님, 혹시 내일로 예약된 상담을 오늘 받을 수 있을까요? 제가 마음이 너무 힘들어서요……."

아들 다민이의 입에 저녁밥을 한술 떠먹이려던 찰나 내담자의 문자가 급히 울렸다. 평소 차분하다 못해 너무도 예의 바른 모습으로 자신을 도통 드러내지 않던 지은 씨의 연락이라 내심 신경이 쓰였다. 보통은 상담 예약이 잡혀 있지 않으면 내담자를 만나지 않지만, 그날은 직감적으로 그녀를 만나야겠다는 생각이 들었다.

옷을 대충 걸쳐 입고 급히 연구소로 향했다. 건물 앞에 차를 세우고 정문을 통과하는 찰나, 계단에 쭈그리고 앉아 무릎에 얼굴을 파묻고 있는 한 여성이 눈에 들어왔다. 바닥에는 눈물을 닦고 버린 휴지들이 널브러져 있었고 소리 없이 눈물을 삼키느라 가느다란 어깨가 떨리고 있었다. 내가 다가가니 눈물범벅이 된 얼굴을 한 채 나를 바라보았다. 그녀는 다름 아닌 지은 씨였다.

걷는 것조차 힘들어하는 그녀를 부축해서 편안한 의자에 앉힌 후 나는 따뜻한 차를 우리기 시작했다. 캐모마일 꽃잎이 담긴 티팟이 따뜻한 물을 머금고 금세 노랗게 물들었다. 그녀도 나도 마음의 분주함을 잠시나마 내려놓는 시간이 필요했다. 몇 분이 지났을까, 지은 씨는 조금 전보다 덤덤해진 표정으로 입을 떼었다.

"선생님, 결국 그 사람과 끝이 났어요. 이렇게 될 줄 알았죠. 나쁜 사람인 줄 알았는데…… 그런데도 빠져들었어요. 이런 제가 너무 한심해서 죽고 싶어요."

그녀는 6개월째 만나던 사람과 이별했는지 슬픔을 감당하지 못하고 힘겨워했다. 매주 상담에서 지은 씨는 연인과 즐겁게 보냈던 일들을 이야기하곤 했는데 이상하게도 그녀의 표정은 늘 어두웠다. 나는 그녀가 힘든 사랑을 이어오다가 더 이상 감정을 통제할 수 없을 정도로 무너져버렸음을 감지할 수 있었다.

사랑은 이번에도 노크 없이 찾아와 지은 씨를 한순간에 폭풍우처럼 휘감아버렸다. 그녀의 말에 의하면 연인에게 사랑의 감정을 느끼기까지 단 몇 분의 시간도 걸리지 않았다고 한다. 운명적으로

'그 사람'임을 알았고 그를 만난 후로 모든 주파수가 그에게 맞춰졌다. 그가 원할 때면 잡혀 있던 일정을 모두 취소하고 그에게 달려갔고, 그를 기쁘게 하고 그의 사랑을 받기 위해 자신을 꾸미고 치장했다. 하지만 시간이 지날수록 그는 지은 씨에게 소홀했고 그녀의 호의를 당연하게 여기며 그의 삶에서 그녀를 제외시켰다.

지은 씨는 그의 사랑을 갈구하고 집착하는 자신의 모습을 볼 때마다 괴로워하고 고통스러워했다. 그럼에도 사랑은 내어주는 것이며 인내하는 것이라 믿고 자신을 내려놓으면서까지 사랑을 지속하려 했다. 그런데 그녀의 마음이 한순간 내려앉을 만한 소식을 접하게 된 것이다. 그에게 이미 오랫동안 만나온 연인이 있었다는 사실이었다.

사랑에 빠지는 데는 단 0.2초도 걸리지 않는다는 연구가 있다. 호르몬 작용 때문인지 사랑의 신 에로스의 저주인지는 알 수 없지만 사랑의 끌림은 이토록 순간적이고 강렬하다. 정신분석가 프로이트는 '꿈은 무의식으로 가는 길'이라고 말했지만, 남녀 간의 사랑이야말로 무의식으로 가는 길이 아닌가 싶다. 우리는 누군가에게 의식적으로 끌리지 않고 무의식적으로 끌린다. 그(그녀)가 예쁘고 잘생겨서 끌리기보다 왠지 모를 미묘한 '느낌' 때문에 끌릴 때가 더 많다.

그 '느낌'을 따라가다 보면 어느새 그(그녀)와 손을 잡고 있는 자신을 발견하기도 하고 그(그녀)에게 분노하고 있는 나를 알아차리기도 한다. 우리가 사랑을 선택하는 기준은 무의식적이며 병리적이다. 어릴 적 부모로부터 받지 못한 사랑, 혹은 간절히 원했던 사랑을 채워줄 누군가를 발견했을 때 자신도 모르게 사랑에 빠지는 것이다. 특히 첫눈에 반한 사랑일 경우 이 느낌은 더욱 강렬하다. 이렇듯 사랑은 생각보다 과거와 매우 단단하게 연결되어 있다.

지은 씨는 자신이 만난 남자들이 대부분 나쁜 남자라는 것을 알고 있었다. 하지만 이상하게도 매번 나쁜 남자에게 무의식적으로 끌리는 것을 어찌할 수 없다며 고통을 호소했다. 그녀는 유년시절 끊임없이 바람을 피우는 아버지 밑에서 자랐다. 그 때문에 절대 자신은 아버지 같은 남자를 만나지 말아야지 다짐했는데 사랑에 빠지는 사람은 늘 아버지와 같은 바람둥이였다. 그녀는 '이 남자는 절대 나쁜 사람이 아닐 거야. 이렇게 순수하고 착한걸' 하며 합리화했지만, 마지막은 늘 가슴 아프고 힘들게 끝났다.

지은 씨는 앞으로도 고통스러운 사랑을 계속할 것이다. 그녀가 가진 마음의 문제를 해결하지 않는다면 말이다. 문제는 상처를 준 상대가 아니라 내 안에 곪아 있는 유년시절의 상처와 결핍이다. 바짝 말라 건조해진 스펀지가 물을 만나면 순식간에 물을 흠뻑 흡수해버리는 것처럼, 며칠을 굶고 나서 밥상을 마주하면 품위나 체면도 내려놓고 허겁지겁 음식을 먹어치우는 것처럼 내면의 결핍이 많은 상태에서는 누구를 만나든 인정을 갈구하고 사랑을 채우기 바쁘다. 이성의 힘이 작동하지 않을 정도로.

건강한 사랑을 하기 위해서 당신이 해야 할 일은 당신 안에 있는 결핍이 무엇인지 들여다보는 것이다. 그것은 당신의 삶에서 간절히 필요했던 심리적 안정감일 수도 있고, 당신 안에 꿈틀대는 성취에 대한 열망일 수도 있다. 아름다움에 대한 갈망일 수도 있고, 누군가로부터 인정받고 싶은 욕구일 수도 있다. 내가 간절히 채우길 원했던 욕구가 무엇인지 아는 것에서부터 새로운 관계를 위한 준비는 시작된다. 내적 결핍이 많다는 것은 결코 부끄러운 일이 아니다. 먼저 인식하고 하나씩 채워나가면 정상적인 궤도로 충분히 올릴 수 있다. 또한, 적당한 결핍은 나를 성장시키는 원동력이 되기도 한다.

당신을 그토록 힘들게 하고 떠난 그는 당신에게 상처를 주기 위해 온 것이 아니라 배움을 일깨워주기 위해 온 것이다. 그러니 한때 열렬히 사랑했던 그를 미워하고 잊으려 노력하지 말고 진심으로 그에게 감사하자. 그를 통해 나를 이해하게 되었고, 내가 채워야 할 것이 무엇인지 알게 되었으니까.

1. 최근 누군가에게 상처받은 일을 떠올려보자.

2. 상대와 나 사이의 핵심갈등은 무엇이었을까?

3. 상대가 원했던 관계(거리) 그리고 내가 원했던 관계(거리)를 적어보자.

4. 그 사람과의 관계 속에서 나의 결핍된 욕구는 무엇이었을까? (무엇이 충족되었으면 했나?)

어쨌거나 친구는 필요하다

우리가 외로운 이유는 자신의 이야기를 받아줄 '결정적인 한 사람'이 없어서다. 물론 사람이라면 누구나 외롭다. 하지만 그것에서 쉽게 빠져나오려면 내 마음을 알아주는 누군가가 있어야 한다. 누군가 나에게 '곁'을 내주는 사람, 그 사람이 우리는 필요하다.

_ 김소원, 《엄마도 가끔은 엄마가 필요해》 중에서

깜깜한 새벽, 도심 한복판의 도로에서 광란의 질주를 하는 한 대의 차가 있다. 차에는 스피드를 즐기는 건장한 흑인 남자와 만사가 귀찮아 보이는 듯한 중년의 백인 남자가 타고 있다. 규정 속도를 훨씬 넘기며 달리는 그들의 차를 경찰차가 따라붙기 시작한다. 그런데도 운전석에 앉은 흑인 남자는 아랑곳하지 않고 스피드를 즐기기 바쁘다. 경찰의 '호위'를 받으며 신 나게 도로를 달리는 그들. 심지어 경쾌한 음악에 맞춰 고개를 까닥이며 질주본능을 만 끽한다.

영화 〈언터처블: 1퍼센트의 우정〉은 소득 상위 1퍼센트의 전신 마비 백만장자와 무일푼의 부랑자인 흑인 남자 사이에 싹튼 특별 한 우정을 그린 영화이다. 조종사가 딸린 전용기와 억대의 승용차 를 소유한 상류층 남자 필립은 삶의 의미를 잃은 채 무기력하게 살아간다. 사고로 목 아래로 모든 감각을 잃게 되고 사랑했던 아 내마저 그를 떠난다. 자신을 대신해서 손발 역할을 해줄 도우미를 뽑지만 다들 그의 괴팍한 성격을 견디지 못하고 두 달도 못 채우 고 그만둔다.

그러던 어느 날, 흑인 부랑자 드리스는 생활보조금을 받을 명목 으로 도우미 채용면접을 보기 위해 필립의 집을 방문하게 된다. 단도직입적이고 무식하지만 자신을 보통사람처럼 평범하게 대하 는 드리스의 태도에 필립의 마음은 움직인다. 드리스는 장애를 가 진 필립을 안쓰럽게 바라보거나 기분을 맞추려고 하지 않고 거침 없이 그를 대한다.

"그 친구는 내가 장애인이란 걸 잊게 해줘. 나를 보통사람처럼 대하 거든."

중증 장애를 짊어지고 살아가는 필립을 바라보는 사람들의 삐딱한 시선과 평가하는 태도는 필립 스스로 자신의 존재를 왜곡하게 했다. 어디를 가든 사람들은 그의 비위를 맞추며 어설픈 위로를 보내고 특별대우를 하려고 했다. 하지만 진정 필립이 원했던 것은 어떠한 편견 없이 인간적으로 대해주는 진심이었다. 드리스는 마치 '츤데레(무심한 듯 보이지만 마음속에 따뜻함을 품은 사람)'처럼 장난스럽고 투박하지만 필립과 진심으로 소통하는 모습을 보여준다.

　누구나 살면서 한 번쯤은 이러한 경험을 해본 적 있을 것이다. 부모나 선생님으로부터 혹은 동료나 친구로부터 나를 생각하는 진심을 느껴본 일. 영화의 주인공 필립처럼 신체에 장애가 있지는 않더라도 우리는 부족한 존재들이다. 공부에도, 일에도, 누군가와 관계를 맺는 데도 서툴다.

　그런 우리를 누군가 있는 그대로 받아들이고 따뜻한 눈빛으로 바라봐줄 때 우리는 더 이상 작은 사람으로 머물지 않는다. 따뜻한 눈빛에는 사람을 살아나게 하는 생명력이 있기 때문이다. 말로 표현하지 않아도 '너와 늘 함께 있다'는 메시지를 마음으로 전달받을 때 비로소 우리 안에서 곪아 있던 고통과 외로움이 하나둘흩어진다.

　왜 내 주변에는 좋은 친구가 한 명도 없을까 고민하던 시기가 있었다. 그때의 나를 돌이켜보면, 친구라는 존재를 내가 심심할 때 같이 시간을 보내거나 힘든 마음을 터놓을 수 있는 사람으로 생각했다. 정작 그들이 힘들어하는 일에는 관심을 두지 않았다. 친구란 나의 욕구를 충족시켜줄 수 있는 '대상'에 불과했던 것이다. 내가 그런 마음을 갖고 친구를 대하는데 상대가 그 마음을 모를 리 없었다. 어찌 보면 20대의 내가 마음을 나눌 사람이 없어서 외로웠던 것은 당연한 결과였다.

그런 내게도 삶의 변화가 찾아오고, 관계에 대해서도 새롭게 배우는 기회가 생겼다. 심리학을 공부하며 타인의 마음을 이해하고 공감할 수 있게 된 것이다. 상담을 통해 내면의 문제들을 해결하고 나를 사랑하는 마음이 생기니 타인을 진심으로 걱정하고 사랑하는 마음이 내 안에 샘솟았다.

지금 나에게는 특별한 우정을 나누는 이들이 있다. 우리는 살아온 배경과 나이, 성격도 각양각색이지만 단 하나의 공통점이 있다. 서로 있는 그대로 존중해주고 상대가 잘되기를 진심으로 바란다는 것.

내 삶의 방식을 강요하지 않고 인정할 때 친구는 나에게 마음을 열기 시작한다. '나는 친구가 없어도 돼'라며 혼자 있기를 선택한 이들에게 나는 인생에서 친구는 꼭 필요한 존재라고 말해주고 싶다. 친구는 내 생각과 존재를 거울로 비춰주는 또 다른 내 모습이며 삶의 스승이기 때문이다.

우리는 친구를 통해 삶을 배우며 사람을 이해하게 된다. 그렇다고 해서 실제로 만나야만 친구가 되는 것은 아니다. 서로 대화가 통하고 교감을 나눌 수 있다면 온라인상에서도 충분히 좋은 친구가 될 수 있다. 중요한 것은 친구를 나의 필요에 의한 수단으로 보지 않고 '존재 대 존재'로 대등하게 바라보는 마음이다. 상담을 받는 내담자들에게 내가 자주 하는 말이 있다.

"당신이 좋은 사람이 되면 저절로 사람들은 당신을 찾게 돼요. 정말 그렇게 돼요."

신기하게도 모든 내담자가 상담을 마치고 난 후 대인관계가 훨씬 좋아졌다고 이야기한다. 이전에는 자신이 매번 먼저 연락을 했다면 이제는 사람들이 먼저 만나자며 연락해온다고 한다.

우리는 이미 누군가에게 좋은 친구가 될 수 있는 자질을 충분히 타고났다. 당신의 주변에 마음을 터놓을 친구가 없어 외롭다면 가장 먼저 해야 할 일은 내가 누군가에게 그런 사람이 되어줄 수 있는지 묻는 것이다. 주변에 따뜻한 관심을 먼저 건네보자. 상대의 부족함을 안아주고 내 안의 진심을 전달할 때 새로운 관계의 문이 열린다.

2장
∘

너무 가까운 사람들과
적당한 거리 두기

세상에서 가장 불편한 친밀함

서른네 살 정은 씨는 퇴근 후 집으로 돌아가는 길에 늘 마음이 불편하다. 온종일 일과 사람에 치이고 나면 집에서는 오롯이 쉬고 싶은데 집에 들어서자마자 쏟아질 부모님의 잔소리가 벌써 그녀를 지치게 하는 것이다. 부모님의 친구들이 손주를 봤다는 소식, 사위가 해외여행을 보내줬다는 이야기가 들리면 그날은 정은 씨를 향한 부모님의 잔소리가 극에 달하는 날이다.

정은 씨는 하루에도 몇 번씩 독립을 고민한다. 집에서만이라도 마음 편하게 쉬어보는 것이 그녀의 유일한 소망이다. 하지만 보수적인 성향의 부모님께 결혼도 하지 않았는데 나가 살겠다고 선언하기가 쉽지 않았다. 결혼이 가족으로부터 독립하는 유일한 방법이지만, 그것이야말로 마음대로 되는 것이 아니다. 처음 상담을 받기 위해 찾아왔을 때 정은 씨가 나에게 했던 말이 아직도 생생하다.

"선생님, 저는 왜 가장 가까운 사람들이 제일 불편하죠? 원래 가족이 이런 건가요?"

간혹 자신의 정체성에 대한 고민으로 상담을 의뢰하는 경우도 있지만, 심리상담을 받는 이들 대부분은 이렇듯 관계에서의 갈등 문제로 찾아온다. (사실 정체성의 문제도 타인이 존재하기 때문에 생긴다.) 아이 혹은 남편과의 소통의 어려움, 남자친구와 관계 유지의 어려움, 직장 상사와의 갈등, 부모님과의 의견 대립으로 인한 우울, 불안, 분노, 무기력감 등이 가장 대표적인 사례다.

그들이 호소하는 심리적 증상은 각자 다르지만, 그 원인에는 한 가지 공통점이 있었다. 서로 상처를 주고받는 관계들이 '자신과 매우 친밀하고 가까운 사람'이라는 것이다. 어쩌면 우리는 죽을 때까지 이렇게 가까운 관계들 속에서 지속적으로 스트레스를 주고받으며 살아가는지도 모르겠다. 서로 더 아껴주고 배려해야 할 관계인 가족, 직장동료, 연인관계에서 왜 우리는 서로 괴롭히고 힘들게 하는 것일까?

많은 사람이 자신이 원하는 것을 상대도 원할 것이라고 착각한다. 내가 맛있게 먹은 음식이 있으면 좋아하는 상대에게 의사를 묻지도 않고 그 음식점에 데려가기도 하고, 여행을 갈 때에도 좋은 곳을 다 둘러보려다 보니 빡빡한 스케줄로 함께 여행하는 사람을 지치게 하기도 한다. 상대는 여행지를 덜 둘러보더라도 여유로운 여행을 하고 싶었을 수도 있다.

상대의 취향이나 의사를 모르면 그에게 물어보면 되는데 이렇게 타인의 '의사'를 묻는 것이 아직 많은 사람에게 낯선 의식인 것 같다. 오히려 친하지 않은 사람에게는 그의 의사를 물어보게 된다. 예의를 갖추기 위해, 혹은 그가 무엇을 좋아하는지 모르기 때문이다. 하지만 친밀하고 가까운 사람에게 우리는 이러한 '질문'의 과정을 자주 생략하곤 한다. 서로 다 안다는 전제하에, 혹은 상대가 나에게 종속된 존재라는 잘못된 신념에서.

하지만 이런 착각은 관계에 있어 매우 위험한 생각이다. 아무리 친한 친구든, 가족이든, 연인이든 취향은 모두 다르고 절대 다 알 수 없기 때문이다. 사람들의 생각과 삶의 가치관은 모두 다르며, 우리는 가까운 관계라도 자신의 것을 상대에게 강요할 수 없다.

우리는 언제부터 가까운 관계라면 서로 다 안다고 착각해온 것일까? 그리고 서로 다 아는 것이 가능하기나 할까?

나는 상담을 시작하기 전에 내담자(상담받는 사람)를 조용히 기다리며 나만의 의식(?)을 치르곤 하는데, 그중 하나는 '나는 당신을 모릅니다'를 속으로 되뇌는 것이다. 누가 보면 상담자가 어떻게 내담자에 대해 아무것도 모르냐며 무책임하다고 혀를 내두를 수도 있다. 하지만 'I don't know you'는 '나는 당신을 모른다'는 뜻뿐만 아니라 '나는 당신을 더 알고 싶어요'라는 뜻을 담고 있기도 하다.

우리는 무언가에 대해 알고 있다고 생각하면 무의식적으로 판단하려 하고 호기심이 동하지 않는다. 마찬가지로 상대에 대해 다 알고 있다고 믿으면 나는 그를 내 방식대로만 이해하고, 내 식대로 대하게 될 것이다. 그것이 남편이든, 자식이든, 연인이든 마찬가지다. 그래서 가장 가까운 대상에게 질문하지 않고 함부로 대하는 우를 범하는 것이다. 그렇기에 가까운 관계는 가장 힘들고, 의도하지 않았다 하더라도 서로에게 끊임없이 상처를 준다. 이런 착각은 상호 원활한 의사소통을 막으며, 결국 대화의 부재로 이어진다.

나도 '그러지 말아야지' 하면서도 남편과 아이에게 그들의 의사를 물어보지 않고 내 멋대로 판단할 때가 많다. '가족이니까 다 이해해주겠지' 하는 교만함이 소통을 막는다. 한 번에 이러한 행동을 고칠 수 있다면 참 좋겠지만 계속해서 인식하고 노력해서 습관이 되어야 바뀐다.

서두에서 이야기한 정은 씨의 부모님은 자식이 좋은 배우자를 만나 행복하게 살기를 바라는 마음에서 잔소리하는 것이겠지만, 자식이 상처 입고 괴로운 마음이 든다면 부모의 생각을 자식에게 강요하는 것과 다름없다.

　진심으로 사랑하고 상대를 위한다면 그를 관찰하고 궁금해해야
한다.

　친밀함이란, 같은 취향과 같은 생각을 가지는 것이 아니다. 각자
다르지만 둘의 사이가 매우 친하고 가깝다는 뜻이다. 친밀한 관계
가 오히려 불편한 관계가 되어서는 안 된다. 친밀함을 잘 유지하
려면 상대의 취향과 생각을 있는 그대로 존중해주어야 한다. 상대
가 당신으로부터 존중받는 느낌을 받을 때, 그는 당신에게 반드시
존중을 되돌려준다.

너도 나도 이번 생은 처음이라

"예전에 봤던 바다라도 오늘, 이 바다는 처음이잖아요. 다 아는 것도 해봤던 것도 그 순간 그 사람과 다 처음인 거잖아요. 우리 결혼처럼. 정류장 때 키스처럼. 그 순간이 지난 다음 일들은 그 누구의 잘못도 아니라고 생각해요. 그냥 그렇게 된 거지. 저 중에 어떤 애는 그냥 흘러가고 또 어떤 애는 부서지는 것처럼 그러니까 너무 걱정하지 마세요. 어제를 살아갔다고 오늘을 다 아는 건 아니니까."

_ 드라마 〈이번 생은 처음이라〉에 나오는 대사 중에서

결혼 전 막연히 꿈꿔온 30대의 삶이 있다. 자기 일에 보람을 느끼며 즐겁게 일하면서도 지혜로운 아내로, 자애로운 엄마로 살아가는 멋진 여성. 경제적으로 어려움을 겪지 않을 정도로 돈을 벌고, 멋진 인테리어로 꾸민 내 집에서 편안하게 생활하는 것. 은은

한 조명이 있는 서재에서 책을 읽으며 평온한 일상을 누리는 모습과 남편이 출근하기 전에 향긋한 커피를 내려놓고 유럽식(?) 아침식사를 접시에 예쁘게 내놓는 장면을 상상했다.

결혼 8년 차, 다섯 살 아들을 키우는 워킹맘인 나는 결혼 전 동경했던 삶과는 전혀 다른 모습으로 살고 있다. 남편이 출근할 때 내다보기는커녕 아이 때문에 피곤하다는 핑계로 침대에서 겨우 인사를 건넨다. 아이에게 아침밥을 먹이는 여유도 내게는 허락되지 않는다. 냉동실에 보관한 떡을 데우거나 고구마를 삶아서 대충 먹인 후 아이를 둘러업고 부랴부랴 차에 태운다. 연구소에 도착해서 이메일을 확인하고 그날 있을 상담을 미리 준비해야 하기 때문이다.

오후 5시가 되면 업무를 강제종료하고 저녁메뉴로 무엇을 준비할지 생각해야 한다. 동네 마트에 들러 반찬거리를 몇 가지 사고 아이를 어린이집에서 데려오면 본격적인 '엄마모드'가 실행된다. 그런데 내 몸은 마음과는 달리 파김치마냥 축 늘어져 있다. 잠시 숨을 돌리려고 식탁에 앉아 냉수를 한 잔 마시며 거실을 바라본다. 너저분하게 쌓인 빨래들, 아이 장난감과 책들, 언제 청소했는지 모를 정도로 구석에 쌓인 뽀얀 먼지가 내가 청소해줄 것을 기다리고 있지만 애써 외면한다.

'남들도 이 정도는 다 하는데 왜 나만 이렇게 힘들지?'

자괴감과 죄책감이 몰려온다. 나만 부족하고 형편없는 사람 같아 마음은 더 괴롭다. 그 와중에도 내 마음에 불현듯 올라오는 소망은 원초적이다. 남편이 밖에서 밥을 해결하고 일찍 들어와서 아이를 씻기고 놀아줬으면 하는 바람. 아이를 키우면서 알게 되었다. 내가 참 이기적이고 부족한 사람이라는 걸. 어느 70대 여배우가 이런 말을 했다.

"나이가 들어도 여전히 인생을 몰라. 인생을 처음 살아보는 거니까.
아쉬울 수밖에 없고, 아플 수밖에 없고, 계획을 할 수가 없어."

70대인 그녀조차도 매 순간 맞는 오늘은 '처음'이기에 인생은 쉽지 않은 것이다. 하물며 20대나 30대가 매사에 서툴고 방황하는 것은 너무도 당연한 일인데 우리는 자신에게 그리 관대하지 않다. 어린 시절부터 과정보다는 결과에 반응해주는 어른들 속에서 자랐고, 입시 위주의 교육환경 또한 성취지향적인 삶으로 우리를 안내했다. 과정에서의 즐거움을 잃은 우리는 옆에 있는 친구나 동료도 적으로 인식하고 남들보다 더 높이 올라가고 하나라도 더 성취하기 위해 애쓰며 살아간다.

하지만 무엇이든 위로 팽팽하게 쌓기만 하면 언젠가는 무게를 견디지 못하고 쓰러지게 마련이다. 나름 견고하게 쌓았다고 생각한 블록도 누군가가 지나가다가 툭 치면 금세 고꾸라져버린다. 위로 향하는 삶은 불안하고 위태롭다.

아들 다민이는 블록놀이를 하다가 제 뜻대로 되지 않아 짜증을 낼 때가 있다. 그럴 때마다 나는 아이에게 이야기한다. "괜찮아, 다시 하면 되지." 그러면 아이는 금세 짜증을 누그러뜨리고 다시 블록 쌓기에 도전한다. 생각한 대로 잘될 때도 있고 그렇지 않을 때도 있지만 차차 스스로 감정을 조절해가기 시작한다. 실패한다고 해서 인생이 끝나는 게 아니라 실패를 하나의 과정으로 인식하기 때문이다.

그런데 아이에게는 "괜찮아"라고 얘기해주지만 정작 내 삶의 주인인 나에게는 그러한 말을 해주지 못했다. 일할 때도, 아이를 키울 때도, 심지어 여행을 가서도 '잘해내는 것'에 대한 이슈는 늘 나를 따라다녔다. 마치 내 안에 존재하는 힘 있는 권위자가 머리 위에서 지시하는 것 같았다. 더 잘해야 한다고, 안주하면 안 된다고, 사람들에게 인정받아야 한다고.

개인의 행동과 생각을 통제하는 초자아(Superego)는 이렇듯 사람을 자신에게 엄격하도록 만든다. 어릴 적부터 뿌리 깊이 박힌 초자아는 쉽게 바뀌지 않는다. 개인의 성격으로 이미 오래전에 자리 잡았기 때문이다.

다만 우리가 이런 완벽주의, 성과주의에서 벗어날 수 있는 방법은 서툰 나, 미숙한 나, 부족한 나를 사랑하는 아이를 바라보듯 스스로 감싸 안아주는 것이다. 부모로부터 수용받지 못한 '못난 나'를 어른이 된 내가 보듬어주어야 나를 괴롭히던 감정(자괴감, 죄책감, 무력감, 열등감)들로부터 자유로워질 수 있다. 이것이 높은 자존감의 시작이고 자기 자신과의 화해이다.

우리는 모두 삶에 서툴다. 그리고 자신에게 서툴다. 삶을 '해내야 하는 과업'이 아닌 '하나씩 알아가며 즐기는 것'으로 편안하게 받아들이자. 알아가는 재미로 삶을 살아갈 때 지금 내 앞에 다가온 행복을 고스란히 느낄 수 있다.

사랑한다면서 나한테 왜 그래?

스물일곱 살 윤정 씨는 대기업에 다니는 회사원이다. 그녀는 직장 내에서 겪는 불편한 대인관계 문제로 상담실을 찾았다. 같은 해에 입사한 동기들은 회사 선배들과도 무던하게 잘 지내고 관계가 어렵지 않은데 유독 자신만 선배들을 두려워하고 그들이 자신을 안 좋게 평가할까 봐 노심초사한다는 것이었다. 그녀의 '선배 공포증'은 입사한 지 2년이 지나서도 나아지지 않았고 급기야 퇴사해야 할지, 치열한 경쟁을 뚫고 입사한 회사인 만큼 참고 계속 다녀야 할지 고민이 되어 심리상담을 받게 되었다.

그녀가 호소한 심리증상은 불안과 우울이었다. 자신보다 권위 있는 위치의 상사나 선배에게 업무평가를 받을 때면 그녀의 불안 증상은 극에 달했다. 조금이라도 안 좋은 평가를 들은 날에는 이내 극심한 우울감이 밀려왔다. 그녀는 직장에서 늘 좋은 평가를 받기 위해 고군분투했고 중요한 프로젝트가 있을 때는 밤을 새워서라도 일에 몰두했다. 오로지 그녀에게 중요한 일은 선배로부터 '칭찬'을 받는 것이었고, 충분히 노력했음에도 불구하고 부정적인 피드백을 받은 날에는 자신이 벌레처럼 느껴져서 현실에서 도망치고 싶어졌다.

6개월 동안 진행된 상담에서 윤정 씨는 회기마다 마치 숙제를 검사받는 어린아이처럼 떨리는 목소리로 자신의 이야기를 털어놓았다. 우리는 그녀에게 반복적으로 나타나는 주제, 즉 윗사람의 평가에 대한 두려움, 병리적으로 집착하는 인정 욕구에 관해 이야기를 나누었다. 그리고 상담이 얼마 진행되지 않아 우리는 발견하게 되었다. 그녀의 마음속 두려움의 기저에는 '엄마'라는 커다란 존재가 있다는 것을.

그녀의 엄마는 딸이 취업하고 경제적으로 독립했음에도 조금이라도 도움이 필요하거나 힘들어하면 바로 달려와 주는 '헌신적이고 든든한 버팀목' 같은 존재였다. 윤정 씨는 그러한 엄마가 자신 곁에 있어서 늘 든든했고 회사 내의 스트레스나 퇴사에 대한 갈등 문제를 매일같이 엄마와 상의했다. 그녀의 휴대폰 단축키 1번은 늘 엄마였고, 엄마는 그녀가 사회에서 느끼는 불안과 두려움에서 벗어날 수 있는 유일한 통로였다. 그녀는 물리적으로는 성인이었지만 심리적으로는 마치 일곱 살 어린아이와도 같았다.

윤정 씨는 어렸을 때부터 부모의 기대를 한몸에 받고 자랐다. 지극히 평범하고 어떤 분야에서도 두각을 보이지 않는 언니에 비해 그녀는 초등학교 때부터 모든 과목에서 높은 점수를 받았고 늘 말 잘 듣고 착한 아이라는 꼬리표가 따라다녔다. 여리고 겁이 많았던 사춘기 소녀 윤정 씨는 엄마가 시키는 대로 무조건 따랐고 기대를 저버리지 않기 위해 노력했다. 그녀의 엄마는 주변 사람들에게 자랑거리인 딸을 보며 흐뭇해했고, 무능력한 남편에 대한 실망감과 어려운 경제상황 속에서 딸은 자신을 지킬 수 있는 유일한 희망이었다.

윤정 씨가 상담에서 호소한 윗사람에 대한 두려움과 인정에 대한 갈구는 그녀가 자라난 환경에서 기인했다. 엄마에게 사랑받고 버림받지 않기 위해서는 늘 눈치 보는 아이가 되어 엄마의 비위를 맞추어야 했기 때문이다. 어린아이의 삶에서 절대적 존재인 엄마가 원하는 아이가 되기 위해서는 자신의 욕구나 감정에 귀 기울이기보다 엄마의 욕구나 감정을 먼저 헤아리고 돌보아야 했다. 그러다 보니 마음속에 무언가 하고 싶은 욕구가 올라오면 자연스레 그것을 마치 느끼면 안 되는 감정으로 인식하여 억압하거나 회피했다. 그러한 욕구는 대개 엄마가 바라는 것과 상충하기 때문이다.

윤정 씨의 마음속에는 아직도 엄마의 평가와 감시에 벌벌 떠는 어린아이가 살고 있는 듯했다. 착한 아이가 되지 않으면 혼나고 버림받을 것 같은 두려움에 떠는 아이가 그녀의 마음속에 자리 잡고 있었다. 그 아이는 그녀가 성인이 되어서도 계속해서 그녀를 따라다녔다. 연애할 때도, 직장에서도 자신보다 우위에 있는 상대를 '엄마'로 동일시한 것이다. 어린 시절 중요한 대상에게 느꼈던 감정을 어른이 되어서 만난 상대에게 똑같이 느끼는 것을 정신분석에서는 '전이(Transference)'라고 한다. 윤정 씨가 권위자의 평가에 유독 민감하고 부정적인 평가를 받았을 때 자신을 벌레로 여길 정도로 쓸모없는 사람이라고 여겼던 이유도 이러한 전이를 반복했기 때문이다.

그녀는 상담을 받으면서도 계속해서 엄마에게 화가 났고 원가족으로부터 벗어나고 싶은 마음이 들었는데 그러한 감정은 그녀를 더욱 고통스럽게 만들었다. 자신의 삶을 포기하고 딸을 위해 헌신한 엄마를 지금에 와서 밀어내는 자신이 이기적이고 못된 사람처럼 느껴져서 죄책감에 힘들어했다. 그녀의 마음속에서 성인 윤정 씨는 엄마로부터 처절하게 독립하고 있는 듯했다.

윤정 씨의 사례는 상담에서 자주 보게 되는 경우이다. 많은 사람이 이렇듯 자신에게 주어진 여러 가지 역할에서 한 부분이 적절하게 기능하지 못해서 상담실을 찾는다. 그녀가 겪은 갈등은 '타인이 원하는 나'와 '내가 되고 싶은 나'의 충돌에서 발생했다.

그녀는 자신에게 가장 의미 있는 타인인 엄마에게 사랑받고 버림받지 않기 위해 그녀의 엄마가 원하는 자아, 즉 '거짓 자기(False Self)'를 만들어냈고, 그녀가 가진 고유한 '참 자기(True Self)'는 마음속에서 소외시켰다. 영국의 정신분석학자인 도널드 위니캇(Donald Winnicott)은 누구든 이러한 거짓 자기로 살아가게 되면 자신이 진정 원하는 것이 무엇인지 인식할 수 없게 되고 내가 누구인지 혼미한 채로 삶을 살아가게 된다고 이야기했다.

상담을 하다보면 이렇듯 참 자기와 거짓 자기 사이에서 갈등하며 괴로워하는 사람을 매일 만나게 된다. 어쩌면 심리적 어려움을 겪는 모든 사람이 이 문제로 상담실을 찾는다고 해도 과언이 아닐 것이다. 우리나라 특유의 위계 문화에서는 윗사람이 지시하는 대로 따라야 하고 그것을 어길 때에는 불이익이 따르기도 한다. 그 경우에 개인은 자신의 자연스러운 욕구나 감정을 '느끼면 안 되는 것'으로 인식하며 마음속에서 억압해버린다. 그리고 이것이 반복되면 자신이 무엇을 하고 싶은지, 무엇을 좋아하는지, 어떤 감정을 느끼는지도 알 수 없는 상태가 되는 것이다. 자신이 무얼 해야 할지 모르니 다른 사람이 좋다고 하는 것을 따라 하게 되고, 사소한 결정도 하지 못하고 타인이 결정해주기를 바라는 '결정 장애'를 겪게 되기도 한다.

오랜 세월을 살지는 않았지만 사람의 마음을 연구하며 내가 통찰한 것은, 변화란 타인이 부여해준 거짓 자기를 하나씩 벗고 참 자기를 찾아가는 과정이라는 것이다. 우리는 자신으로 살아가지 못해 우울증이나 불안과 같은 심리적 증상을 겪는다. 요즘 자기계발서 시장에서는 '나다운 삶', '나답게 사는 것'이 화두이다. 하지만 나다운 삶은 결국 자신을 제대로 이해하는 데서 시작해야 하는데 개인의 감정이나 욕구가 억압되어온 사회에서는 쉽지 않은 일이다.

윤정 씨의 엄마도 딸의 심리적 독립을 막으려고 그녀를 과잉보호했던 것은 아닐 것이다. 남편과의 관계에서 해결되지 않은 감정과 좌절된 욕구가 그녀의 딸에게 무의식적으로 투사되었을 가능성이 높다. 윤정 씨와 그녀의 엄마에게 필요한 일은 정서적 독립, 그리고 스스로에 대한 이해다. 자신이 무의식적으로 반복하는 행동을 이해하고 그 속에 있는 욕구와 감정을 알아차리는 일이 필요하다.

가장 가까운 가족에게, 그리고 나에게 가장 서툰 나에게 '나를 이해하는 시간'을 선물하는 것은 어떨까?

변화란 전혀 다른 존재가 되는 것이 아니라 타인이 입혀준 껍데기들을 하나씩 벗겨가며 원래 타고난 나로 되돌아가는 과정이다.

1. 내가 타인으로부터 인정받기 위해 꾸미거나 과장하는 행동이 있는가?

2. 주변 사람들이 있는 그대로의 내 모습을 좋아해준다면 나의 행동이나 성격에 어떤 변화가 생길까?

단 한 명이라도
내 애기를 들어준다면

"왜 그렇게 슬퍼하니?"

"아무것도 아냐, 아무것도."

"아무것도 아니라고?"

"… 사실은 슬퍼. 고양이가 사라졌거든."

꼬마 소년 브루는 오늘도 슬프다. 자신이 가장 아끼는 고양이가 사라졌기 때문이다. 슬픔에 빠진 브루는 길을 걷다가 많은 사람을 만나게 된다. 전 재산을 잃은 카우보이, 코가 깨지고 발이 다친 까마귀, 마을이 물에 휩쓸려 고향을 잃어버린 남자. 모두 브루에게 고작 고양이 하나 없어진 걸로 그렇게 슬퍼하느냐며 브루의 이야기를 귀담아듣지 않는다. 세상에 자신보다 더 큰 고민을 가진 사람들이 많다는 것을 알게 된 브루는 이내 마음이 움츠러든다. 자신의 고민이 그들의 것에 비해 너무나 작게 느껴졌기 때문이다. 하지만 고양이를 잃은 슬픔은 쉽게 사라지지 않는다.

브루는 마음을 나눌 누군가를 찾아 길을 떠나고 계속 걷다 보니 어느새 북극에 다다랐다. 브루의 몸과 마음은 어느 때보다 추웠다. 그때 지나가던 개 한 마리가 브루에게 관심을 가진다. "왜 그렇게 슬퍼하니?" 브루는 그제야 자신의 마음을 개에게 털어놓기 시작한다. "내가 아끼는 고양이가 사라져서 슬퍼. 하지만 세상에는 이것보다 더 슬픈 일이 많아서 얘기할 수가 없어." 그 말을 가만히 듣던 개는 브루에게 따뜻한 눈빛을 보내며 이렇게 이야기한다.

"네 말처럼 세상에는 슬픈 일이 많아. 그래도 네 고양이에 관해 얘기해줘."

브루의 마음은 마치 따뜻한 난로에 몸을 녹인 것처럼 온기를 찾았고, 이내 자신의 고양이에 관해 이야기하기 시작한다. 벨기에의 동화작가 안 에르보의 그림책 《내 얘기를 들어주세요》에 나오는 이야기다. 다정한 소년 브루는 고양이를 잃은 슬픔을 누군가에게 털어놓고 위로받고 싶지만 아무도 브루의 이야기를 귀담아듣지 않는다. 브루의 고민은 그들의 것에 비해 하찮은 것이라 생각되기 때문이다. 우리 주변에서 흔히 일어나는 일이다.

나에게 상담을 받는 사람 중에도 동화 속 주인공 브루와 같이 말 못 할 고민이 있지만 주변 사람들로부터 외면당할 것이 두려워 마음을 털어놓지 못하는 이들이 있다. 육아 때문에 힘든 마음을 토로하고 위로받고 싶은데 주변의 반응은 "애 셋인 나와 비교하면 그런 고민은 아무것도 아니야. 남편이 조금이라도 도와주는데 뭐가 그렇게 힘들어. 우리 남편은 매일 야근하는걸. 너는 시집도 잘 가서 집도 좋은 데 사는데 힘들 게 뭐가 있어"라며 타인의 감정을 자기방식대로 왜곡하고 축소해버린다.

주변 사람들에게 이런 말을 듣게 되면 '내가 별것 아닌 일 가지고 힘들어하는 건가? 이 정도도 이겨내지 못하는 나는 정말 나약한 사람일까? 남들은 나보다 훨씬 더 힘든데……'라며 자신의 감정을 잘못된 것으로 치부하거나 마음속에 꼭꼭 숨겨놓는다.

억압된 감정은 사라지지 않은 채 마음속에서 점점 불어나고, 작은 일에도 짜증을 내거나 화를 내는 것으로 '불편한 마음'을 표출한다. 분노조절장애는 마음속에 올라오는 무수한 감정을 제대로 처리하지 못하고 꾹꾹 담아놓다가 결국 조율되지 못한 감정인 '화'로 표출해버리는, 현대인들에게 가장 흔히 나타나는 심리적 질환이다. (병리학적으로는 흔히 '간헐성 폭발장애'라 일컫는다.)

만약 주변에 단 한 명이라도 내 얘기에 귀 기울여주는 사람이 있다면 대화를 나눔으로써 어떤 감정이든 물 흐르듯 자연스럽게 흘려보낼 수 있다. 하지만 마음을 나눌 사람이 없다면 감정들이 마음속에서 뒤섞인 채 혼란스러운 상태가 된다. 마음에는 여유 공간이 있어야 행복감도, 감사함도 느낄 수 있는데 이런 혼란스러운 상태에서는 기분 좋은 감정을 느끼는 것이 어렵다. 우울감이나 불안감은 이때 우리의 마음속에 침투한다.

심리상담을 의뢰하는 이들 중에는 마음을 터놓을 '결정적인 한 사람'이 없는 경우가 많다. 누군가가 내 이야기를 호의적으로, 그리고 무비판적으로 들어줄 때 비로소 마음을 열고 다가갈 수 있다. 하지만 사람들은 보통 상대의 말을 듣기보다 비판이나 조언을 하기 바쁘다. 조언은 도움이 되기도 하지만 때로는 상대에게 섣부른 충고처럼 받아들여지기도 한다. 상대의 말을 들을 때 어떠한 판단도 하지 않고 그의 입장이 되어 듣는 것은 결코 쉬운 일이 아니다. 잘 듣기 위해서는 엄청난 에너지를 필요로 하고 내 생각을 잠시 내려놓아야 하기 때문이다. 하지만 타인의 마음은 내가 그의 말에 경청할 때 비로소 열린다. 경청은 곧 상대의 마음을 알아주는 일이기 때문이다.

심리학자 아들러는 인간관계의 목표를 '사회적 관심(Social interest)'이라는 개념으로 설명했다. 자신에게 쏟던 관심을 타인에게 이동시켜 그들에게 필요한 것이 무엇인지 궁금해하고 그들의 이야기에 집중하는 것이다. 현대인들은 과도하게 '나'에게 집중하고 내가 타인에게 어떻게 비칠지에 골몰한다. 나를 돌아보고 성찰하는 것은 의미 있는 일이지만 때로는 이것이 필요 이상으로 자신을 반추해보는 자의식이나 자기중심적 사고로 번지기도 한다.

아들러는 과도하게 자신에게 쏟는 에너지, 다시 말해 자기에 대한 집착(Self interest)을 외부로 돌려 타인에 대한 관심(Social interest)으로 바꾸라고 조언한다. 이것이 그가 이야기한 '사회적 관심'의 개념이다.

모든 인간은 사회적 동물이므로 절대 혼자서 살아갈 수 없다. 사람과 정보가 넘쳐나는데도 현대 사회에서 '군중 속 고독'을 경험하는 것은 아들러가 말한 사회적 관심의 부족에서 온다. 눈앞에 보이는 내 이익만을 생각하고 내 가족의 성공과 안녕만을 바란다면 결국 사회 속에서 외로울 수밖에 없다. 사회는 '너와 나'라는 최소단위에서 시작되어 공동체라는 큰 틀을 이루기 때문이다. 나와 상대의 연결이 끊어지면 결국 공동체는 단단하게 유지되기 어렵다. 그 경우 나와 내 가족의 안정된 삶도 장담할 수 없다.

당신이 마음을 터놓을 사람이 없어 외롭다면 당신의 말을 들어줄 타인을 찾아다니기보다 누군가의 고민에 먼저 귀 기울여주는 사람이 되어준다면 어떨까? 타인의 눈을 바라보고 그에게 관심을 가지는 것, 진정한 관계는 내가 상대에게 마음을 열 때 비로소 시작된다.

1. 최근 내 주위에 마음이 힘든 사람이 있는지 떠올려보자.

2. 그(그녀)에게 지금 카톡 혹은 문자로 안부를 전해보자.

왠지 그냥 싫은 사람 대응 매뉴얼

인간관계에서 상처받지 않는 것은 기본적으로 불가능해. 인간
관계에 발을 들여놓으면 크든 작든 상처를 받게 되어 있고, 자네
역시 누군가에게 상처를 주게 되지. 아들러는 말했네.

"고민을 없애려면 우주공간에서 그저 홀로 살아갈 수밖에 없다."

하지만 그것은 불가능하지.

_ 기시미 이치로 · 고가 후미타케, 《미움받을 용기》중에서

왠지 모르게 '그냥' 싫은 사람이 있다. 원래 그런 사람이겠거니,
하고 넘어가면 되는데 이상하게도 그 사람이 내 앞에 있으면 온갖
부정적인 에너지가 총동원되어 내 몸을 감싸는 듯하다. 그의 행
동, 표정, 말 모든 것이 거슬리고 심지어 생김새까지 싫어지는 지
경에 이른다. 약속해놓은 모임에 그 사람이 나온다고 하면 전날부

터 신경이 예민해지고, 모임 당일 멀쩡하던 배가 갑자기 아프다. 결국 몸이 안 좋다는 핑계로 모임에 나갈 수 없을 것 같다며 주선자에게 문자를 보낸다. 우리 몸은 심리적 불편감이 감지되면 이렇듯 무의식적 방어기제가 빠르게 작동한다.

생각해보면 우리는 누군가를 미워하거나 그로 인한 불쾌한 감정을 느끼며 기나긴 일생을 보내는 것 같다. 왜 우리는 누군가를 '그냥' 싫어하는 것일까? 나에게 상담을 받고 있는 내담자들을 통해 그 이유에 대한 몇 가지 단서를 발견했다. 그들은 대개 두 가지 경우에 누군가를 불편해하거나 이유 없이 싫어했다.

첫 번째는 상대가 내 부모 중 한 사람과 닮았다는 것. 그것은 성격일 수도, 표현방식일 수도, 가치관일 수도 있다. 두 번째는 나의 인격 중 한 부분, 특히 내가 싫어하는 내 모습을 그에게서 발견할 때이다. 물론 대부분 사람은 그 사실을 인식하지 못한 채 그저 상대가 비호감이어서 싫어한다고 믿는다.

이 책을 읽고 있는 독자들은 황당하다는 반응일 수도 있겠다. 그럼 가만히 눈을 감고 내가 불편함을 느끼거나 왠지 싫은 그 사람의 얼굴을 떠올려보고 그의 표정, 생김새, 말투, 자주 하는 말, 그때 내가 느끼는 감정을 가만히 들여다보자. 그리고 난 뒤 내가 싫어하는 그의 특징을 종이에 적어보는 것이다. (91페이지에 나오는 질문지 참조)

부모님의 특성 중 내가 싫어했던 면, 혹은 나에게 있지만 부인하고 싶은 성격적 특성을 상대가 가지고 있으면 마음속에서는 무의식적 불안이 올라온다. 당신의 부모 중 한 사람과 있을 때 느끼고 싶지 않았던 감정이 지금 여기에서 재현되기 때문이다. 이것을 심리학적 용어로 '전이(Transference)'라 부른다.

만약 부모가 당신이 하는 말이나 행동을 평가하거나 비판하는 말을 자주 했다면 당신은 성인이 되어서도 평가적이거나 비판을 즐기는 사람 앞에 서면 심리적으로 위축될 것이다. 구두쇠처럼 돈을 아끼고 작은 소비에도 덜덜 떠는 부모의 모습이 싫었다면 커서도 당신은 그런 사람을 보면 답답하고 함께 있는 것이 불편할 것이다. 사실 상대는 아무 죄가 없다. 과거에 내가 부모에게 느낀 감정을 타인에게 투영했을 뿐이다.

내가 감춰놓은 성격의 일부를 상대가 가지고 있을 때도 마찬가지다. 열등감을 가진 사람이 우월감을 뽐내는 사람을 만나면 불편하다. 그의 잘난 체가 얄밉기도 하고 그가 가진 능력이나 부, 명예가 부럽기도 하다. 사실 열등감과 우월감은 다르지 않다. 우월감을 가진 사람은 자신보다 우월한 상대를 만나면 열등감을 느낀다. 내가 가진 것에 대해 편안한 사람은 굳이 사람들 앞에서 드러내려고 애쓰지 않는다. 그것이 학벌이든 경제적 능력이든 외모든 마찬가지다. 자신의 능력을 과하게 드러내는 사람은 자존감이 낮은 경우가 많고 이들은 대개 깊은 열등감을 가지고 있다. 그렇기에 열등감과 우월감은 그 뿌리가 같다.

누구나 자신의 성격 중에 마음에 들지 않거나 덮어두고 싶은 면이 있다. 그것은 유년시절 부모로부터 인정받지 못했던 인격의 일부일 수도 있고, 타인에게 좋지 않은 평가를 받았던 성격 특성일수도 있다. 나의 오랜 친구 중 하나는 초등학교 때 잘난 척을 한다며 친구들로부터 따돌림을 당한 적이 있는데 그 이후로 자신을 드러내거나 자랑하는 것을 터부시하게 되었다. 좋은 일이 있어도 주변 사람들에게 얘기하면 욕먹을 것 같고 그들에게 미움받을까 봐선뜻 자기를 드러내지 않는다. 그녀는 자신감 있는 사람을 보면부럽기도 하지만 왠지 모를 불편한 마음도 드는 자신이 의아하다고 했다.

자랑하고 싶은 욕구는 누구에게나 있는 자연스러운 욕구인데그녀는 그것을 깊은 무의식 속에 꾹꾹 담아놓았다. 자신의 인격중 허용받지 못한 부분이 존재의 어두운 곳에 묻혀 제대로 발휘되지 못하도록 하는 것이 분석심리학에서 말하는 '그림자(Shadow)'이다. 우리에게는 각자의 그림자가 존재한다. 그림자는 억압된 나의 욕구이며 때로는 내 안의 깊은 소망을 반영하기도 한다. 무언가를 지나치게 경멸하거나 비판한다면 그것은 나의 무의식적 욕구와 관련 있을 가능성이 있다. 지나친 부정은 긍정이라는 말도 있지 않은가.

누군가가 이유 없이 싫거나 그 사람을 만날 때 불쾌한 마음이 든다면 상대를 비판하고 욕할 것이 아니라 내 마음을 먼저 들여다 보아야 한다. 굳이 자주 만나지 않아도 되는 사람이면 슬쩍 피하면 되겠지만, 함께 일하거나 좋은 관계를 유지해야 하는 상황이라면 합리적 대안이 필요하다. 상대를 비난하고 욕하는 것은 잠깐의 쾌감을 줄 수는 있지만 근본적인 해결방법이 아니다. 그 사람의 어떤 행동과 말이 나를 불편하게 하는지 차분하게 종이에 적어보고 그것이 상대의 문제인지, 내 문제인지 들여다보아야 한다.

내가 어떤 주제에 유독 예민해지는지, 나를 욱하게 하는 감정에는 어떤 것들이 있는지 알아차리다 보면 인간관계에서 불필요한 감정 소모를 하는 일이 줄어들 것이다. 나를 제대로 이해하는 만큼 인간관계가 편안해진다.

1. 나를 불편하게 하는 사람의 이름을 적어보자.

2. 나는 그 사람의 어떤 말 혹은 행동이 거슬리는가?

3. 부모 중에 그 사람의 성격/표현방식과 비슷한 사람이 있는가?

4. 있다면 나는 부모의 그러한 성격/표현방식을 왜 싫어하는가?

5. 내가 부모로부터 받고 싶었던 것은 무엇인가?

6. 그 사람(내가 싫어하는 사람)의 성격 중에서 내가 가진 면은 어떤 부분인가?

7. 나는 그러한 나의 성격 특성을 왜 싫어하는가?

나를 망치는 착한 아이 콤플렉스

남들은 나를 흔들 수 있다.
하지만 그들의 말에 흔들리지 않는 내가 될 수는 있다.

나에게 심리상담을 받는 이들에게는 공통점이 있다. 그들은 대부분 너무나 '착해서' 사람들 속에서 늘 상처받고 고통스러워한다는 것이다. '나쁜 건 넌데 아픈 건 나야'라는 누군가의 책 제목처럼, 자신은 타인에게 피해도 주지 않고 진실하게 살았는데 늘 상처받는 것은 자신이라며 눈물을 떨군다. 그들의 마음속에는 억울함과 화, 슬픔, 상실감이 서려 있다.

부모님으로부터 사람들과 원만한 관계를 맺고 성실하게 살아야 한다고 배웠는데 정작 사회에서는 자기 이익만 챙기는 사람들이 오히려 더 당당하고 떳떳하게 살아간다. 그들은 일에서도 훨씬 성과를 잘 내고 심지어 대인관계마저 좋다. 상사의 사랑을 받는 것은 보너스다. 사회생활을 하다 보면 어렸을 적에 배웠던 가르침과는 반대로 세상이 흘러가는 것 같아 심리적인 혼란이 온다. 그러면 마음먹는다. 더는 착하게만 살지 않기로, 나도 내 것을 챙기기로.

그렇게 마음먹었음에도 세상살이는 여전히 녹록지 않다. 세상에는 내가 생각한 것 이상으로 이기적인 사람이 많고 그들에게 대항하며 살기에는 강인함을 타고나지 못했다. 사람들 속에서 감정 소모를 많이 한 탓인지 쉬이 지치고 애꿎은 가족에게 짜증을 내고 화를 돌리기도 한다. 그들은 나에게 말한다.

"선생님, 도대체 어떤 게 맞는 건지 모르겠어요."

오랫동안 개인의 삶을 지배해오던 가치관이 흔들릴 때 사람들은 정체성의 위기를 겪는다. 자신이 옳다고 생각한 것이 정답이 아닐 때, 혹은 새로운 가치관을 받아들여야 할 때 우리는 심리적 혼란을 경험한다. 그리고 이런 혼란은 대부분 인간관계에서 기인한다.

경희 씨는 오랜 시간 동안 '착한 아이 콤플렉스'에 시달렸다. 어린 시절 그녀는 아버지로부터 늘 사람들에게 친절해야 하고 베풀며 살아야 한다고 들어왔다. 그런 아버지는 가족에게는 소홀하면서도 친구나 동네 사람들에게는 후하게 대접했다. 매주 주말이면 동네 사람들을 모두 집으로 초대해서 잔치를 벌였다. 덕분에 경희 씨는 매일 같이 어머니가 잔치음식을 차리는 일을 도와야 했고 설거지는 늘 그녀의 몫이었다. 아버지는 가족을 제외한 모든 사람에게 인기 있고 친절한 사람이었다.

그래서일까, 초등학생 때부터 경희 씨는 자신을 챙기기보다 주변 친구들을 챙기기 바빴다. 친구가 도시락을 싸오지 못하면 친구의 것까지 챙겨오기도 하고, 친구가 게임에서 지는 것이 마음이 불편해서 일부러 져주는 아이답지 않은 행동을 할 때도 있었다. 자신으로 인해 타인이 조금이라도 감정이 상하지 않도록 늘 신경 쓰며 착한 아이가 되려고 했다.

그런데 경희 씨가 성인이 되어 직장 생활을 하면서 위기가 찾아왔다. 동료가 그녀의 착한 심성을 이용하여 하나둘 그녀에게 일을 떠맡기기 시작한 것이다. 처음에는 호의로 몇 번 도와준 것이 나중에는 수십 배의 일이 되어 돌아왔다. 심지어 집에 제사가 있는 날인데도 상사의 부탁을 거절하지 못해 밤늦게까지 야근을 하기도 했다.

경희 씨가 나를 찾아오게 된 것은 계속된 야근으로 건강이 나빠져 휴직하게 되면서였다. 경희 씨는 20대임에도 얼굴에는 생기가 전혀 없었고 어깨는 축 처져 있었다. 그녀의 '착한 아이 콤플렉스'

는 상담을 받을 때에도 드러났는데, 상담가인 나에게조차 착한 아이처럼 굴고 나의 기대에 부응하려는 모습을 보였다. 진짜 자신과 만나야 하는 순간에도 누군가를 기쁘게 하기 위한 그녀의 필사적인 노력이 내 마음을 짠하게 했다.

"경희 씨는 참 외로웠을 것 같아요. 늘 남을 위해 사느라 정작 자기
자신은 돌보지 못했으니까요."

상담이 중반부를 향해갈 때쯤 나는 그녀에게 내 마음을 이야기했고 그 말을 듣던 경희 씨의 눈에서 마침내 참아왔던 눈물이 터져 나왔다. 남들에게는 친절하지만 정작 스스로에게는 소홀했던 자신을 그제야 돌아보게 된 것이다. 그녀는 누가 봐도 착한 사람이었지만 자신에게는 더없이 가혹한 사람이었다. 자신이 무엇을 하고 싶은지, 안 하고 싶은지 마음을 들여다봐 주지 않았고, 자연스럽게 느끼는 감정들도 '이런 감정을 느끼면 안 돼'라며 부인했다. 타인에 대한 친절함은 그녀를 '해야 하는 것'에 집중하도록 만들었고 '하고 싶은 것'을 도외시하게 했다. 자신을 생각하고 아끼는 행동조차도 이기적인 것으로 믿어온 그녀였다.

조안 루빈-뒤취(Joan Rubin-Deutsch)는 그녀의 저서 《착한 아이 콤플렉스》에서 모든 사람은 유년시절 부모로부터 인정과 사랑을

받기 위해서 '어떠어떠한 사람'이 되어야 한다는 내적 계약을 마음속에서 만들고 그에 맞춰 행동하게 된다고 이야기한다. 대개 그들이 되고자 하는 모습은 부모의 언어적, 혹은 비언어적 메시지를 통해 형성된다. 경희 씨의 경우 아버지가 원했던 모습, 즉 예의 바르고 친절한 사람이 되기 위해 자신의 욕구를 누르며 '착한 아이'가 되기 위해 고군분투했다. (물론 이것은 무의식적인 행동이다.) 하지만 직장에 다니면서 그녀가 공고히 지켜오던 내적 계약이 흔들리게 된 것이다.

경희 씨는 6개월째 나에게 상담을 받는 중이다. 우리의 상담목표는 '나에게 친절해지기'이다. 무엇을 먹고 싶은지, 무엇을 하기 싫은지 자연스럽게 올라오는 욕구와 감각에 집중하고 그것을 실천하는 것부터 시작했다. 앞으로 경희 씨는 타인의 욕구를 들어주느라 무시했던 자신의 욕구를 하나씩 인식하고 채워나갈 것이다. 그리고 그것이 나만 생각하는 이기적인 마음이 아니라 자신을 존중하는 마음이라는 것을 몸소 체득해갈 것이다.

세상 사람들은 나에게 어떤 말이나 던질 수 있다. 그들의 입을 일일이 막거나 행동을 통제할 수는 없다. 하지만 그들의 말에 상처받지 않는 내가 될 수는 있다. 내가 생각해온 '착한 행동'이 상대에게도, 나에게도 좋은 결과를 가져다주지 않는다면 우리는 잠시 멈추어 생각해보아야 한다. 그것이 과연 바람직한지, 그들을 도움으로써 내가 행복한지 말이다.

자신을 희생하면서까지 남에게 친절한 것은 의로운 일이 아니다. 남에게 무언가를 해주어야만 마음이 편한 당신이 지금 가장 먼저 해야 할 일은, 당신의 어깨에 짊어진 마음의 짐을 하나씩 내려놓는 것이다. 오랫동안 당신을 속박했던 심리적 계약을 끊고 주도권을 자신에게로 가져와야 한다. 오늘은 남들을 배려하느라 소홀했던 나에게 위로와 따뜻한 말을 건네보자. 내가 나를 아끼고 존중할 때 비로소 타인과 건강한 관계를 맺을 수 있다.

당신 자신이 꽃을 피우고 무성하게 자라나기 위해서는
사랑과 관심을 받아야 합니다.
≈ 조안 루빈-뒤취(사회상담가, 작가)

3장

。

복잡한 관계 속에서
나를 지키는 마음관리법

마음에도 미니멀라이프가 필요하다

"아악!"

"이리 와봐! 자기야, 여기 벌레 있어! 이거 좀 잡아줘! 빨리!"

주말 아침 늦잠을 늘어지게 자고 싶은 남편을 깨운 건 알람 소리가 아닌 내 비명이었다. 내심 속으로는 남편에게 미안했지만, 어처구니없는 요청에도 응해줄 사람이라는 것을 알기에 나는 비몽사몽인 남편을 무자비하게 깨워서 욕실로 데려왔다.

욕실 바닥에는 은갈치 색깔의 손톱만 한 벌레 한 마리가 꼬물거리며 기어가고 있었다. 남편은 벌레와 내 얼굴을 번갈아가며 쳐다보고는 어이없다는 듯 휴지를 달라며 손을 내밀었다. 정체를 알 수 없는 은색 벌레는 발버둥 칠 새도 없이 남편의 손에 제거되었고 나는 머쓱하게 남편을 바라보며 "미안"하고 말하며 거실로 후다닥 나왔다.

생전 본 적이 없는 그 은색 벌레를 본 순간부터 나는 슬슬 몸이 간지러워졌다. (나는 일종의 '벌레공포증'이 있다. 벌레를 보고 나면 몸이 간지럽고 사소한 자극에도 소스라치게 놀란다.) 그리고 바로 스마트폰으로 검색을 했다.

은색 벌레.

검색하자마자 사람들이 포스팅해놓은 '은색 벌레'에 대한 무수한 정보가 쏟아졌다. 그리고 발견한 연관 검색어, 좀벌레. 욕실에서 발견된 그 손톱만 한 벌레가 말로만 듣던 '좀벌레'였던 것이다. 사람들이 인터넷에 올려놓은 벌레 사진들은 영락없이 내가 본 그것이었다!

휴일 아침 카페에서 조용히 글을 쓰기 위해 나갈 채비를 하려던 나는, 모든 일정을 취소하고 '좀벌레 퇴치작업'에 착수했다. 사실 좀벌레가 나온 안방 욕실은 내가 임시창고로 쓰던 곳이었다. 아이의 작아진 옷들과 신발들, 무엇인지 정체 모를 서류들, 케케묵은 책들을 무자비하게 쌓아놓은 우리 집의 '블랙홀' 같은 공간. 생각해보면 2년 동안 그 공간을 창고로 사용하며 환기 한 번 시키지 않았으니 좀벌레가 아니라 거대한 쥐나 바퀴벌레가 안 나온 것이 신기할 따름이었다. 상담에, 집필에, 강연에 바쁘다는 핑계로 나는 가장 안락하고 편안해야 할 집을 벌레소굴로 만들어놓았던 것이다.

벌레 출몰 이후, 나와 남편은 온 집안을 뒤집기 시작했다. 3년 동안 단 한 번도 사용하지 않은 물건들을 모두 버리고, 입지 않는 옷 한 무더기를 헌옷 수거함으로 미련 없이 떠나보냈다. 아이가 더는 가지고 놀지 않는 장난감과 책들을 커다란 상자에 담고, 수납장을 모두 열어 언제 썼는지 알 수 없는 영수증들과 여기저기서 받은 적립 쿠폰들, 굴러다니는 액세서리들을 100리터짜리 종량제 봉투에 쏟아 부었다. 주방에서 몇 년째 쓰지 않고 방치해둔 가전제품들을 현관에 내놓고, 언제 사용했는지 알 수 없는 양념통과 유통기한이 지난 저장식품들을 하나씩 정리하고 처분했다.

그리고 마지막으로 우리 집의 블랙홀, 안방 욕실에 있던 옷가지들과 책을 모두 꺼내서 수거함으로 보냈다. 청소하는 와중에도 두세 마리의 좀벌레들이 발견되었고 나는 그들에게 더 이상 만나지 말자며 벌레 퇴치제를 뿌리며 작별을 고했다.

좀벌레 퇴치를 위한 대대적인 집안 청소는 꼬박 열두 시간 만에 종결되었고, 빽빽하던 집안에 어느새 이사했을 때 이후로는 보지 못했던 공간이 보이기 시작했다. 창고로 쓰던 안방 욕실도 원래의 모습을 되찾았고, 불필요한 살림살이로 가득 찼던 주방도 깨끗해졌다. 입지 않던 옷들로 가득 차서 문이 잠기지 않던 옷장도 이제는 꼭 필요한 옷들만 걸려 있는 깔끔한 모양새가 되었다.

나는 비로소 우리 집이 꽤 넓었다는 것을 알게 되었고, 물건을 비워 내니 비로소 '공간'이 보이기 시작했다.

결혼한 후 7년 동안 무언가를 사들이기만 했지 버리지는 않았다. 당시에는 꼭 필요하다고 생각했던 물건들이 지나고 보니 그다지 나에게 필요하지 않았던 것들이었고, 소중한 것들로 채워져야 할 공간에 지저분하고 오래 묵은 쓰레기들이 차지하고 있었다.

우리 집의 불청객 은색 벌레 덕에 나는 '비워내는 것'이 이렇게 중요한 일인지 새삼 실감하게 되었다. '우리 안에는 버려야 할 것 투성인데 우리는 그것들을 정리하지 못한 채 버거워하며 끌어안고 사는구나. 쓸모없는 것들로 가득 찬 곳에는 곰팡이가 피고 벌레가 생기는구나' 하고 통찰하게 되었다.

물건을 비워내면 비로소 공간이 보이듯, 우리의 마음도 같다. 너무 많은 것이 들어와 있으면 마음에 여유가 생기지 않는다. 좋은 것을 취하고 싶어도 그것을 담을 공간이 없는 것이다. 더욱이 케케묵은 쓸모없는 것들이 마음속에 있을 때 우리는 병들고 취약해진다. 창고가 되어가는 욕실을 좀벌레가 점령한 것처럼.

마음도 가끔은 청소가 필요하다. 나를 짓누르던 생각들을 흘려보내고, 불필요한 생각들은 정리해야 새로운 것이 들어올 수 있다. 많은 사람이 채우는 것에는 익숙하지만, 비우는 것에는 서툰 것 같다. 잘 비워내야 비로소 공간이 보인다. 숨을 들이쉬는 것만큼 내쉬는 것이 중요하듯 잘 내보내면 새로운 것이 들어온다.

1. 내 삶에서 버려야 할(혹은 정리가 필요한) 것이 있다면 무엇인지 적어보자.

1) 공간(물건):

2) 인간관계:

3) 생활습관:

4) 생각:

지금 우리에게 필요한 건
친절한 침묵

제대로 말을 못할 바에는 아예 침묵하는 것이 낫다.

≈ 스웨덴 속담

평소 누군가를 만나기보다 혼자 있는 시간을 좋아하는 지영 씨에게 쇼핑은 스트레스로 다가온다. 아울렛이나 백화점을 구경하는 것은 좋아하지만 점원이 말을 걸어오거나 빤히 쳐다보면 구매를 강요하는 것처럼 느껴져서 마음이 불편할 때가 많다.

직원의 친절한 설명을 듣고 난 후에 물건을 사지 않으면 안 될 것 같아 딱히 원하지 않는 물건을 산 적도 있다. 내향형의 성격인데다 남에게 피해를 주면 안 된다는 신념이 강한 그녀는 쇼핑할 때의 심리적 불편함 때문에 주로 온라인으로 물건을 주문한다. 하지만 신발이나 화장품은 직접 신어보거나 테스트를 해보고 사야 하므로 불편함을 감수하고 오프라인 매장을 이용하고 있다.

최근 지영 씨와 같이 직원들의 지나친 친절이나 안내가 부담스러운 사람들을 위해 '침묵 서비스'가 국내에 도입되었다. 모 화장품 기업에서 시도한 아이디어인데 매장 입구에 두 가지 종류의 쇼핑 바구니를 비치해놓는 것이 그것이다. 한쪽에는 '도움이 필요해요' 바구니가, 그리고 다른 쪽에는 '혼자 볼게요' 바구니가 놓여 있다. 고객이 '혼자 볼게요' 바구니를 들고 있으면 직원들은 고객에게 다가가거나 말을 걸지도 않고 심지어 어떤 매장에서는 인사도 하지 않는다. 고객을 응대하는 사람이 어떻게 인사도 안 하고 제품 설명도 안 해주느냐고 의아하게 생각하는 사람도 있겠다. 하지만 혼자 조용히 구경하고 싶은 사람들에게는 이런 태도가 고객에 대한 배려로 받아들여지기도 한다.

화장품 매장뿐 아니라 택시도 침묵 서비스를 하는 곳이 있다. 일본 교토에 본사를 두고 있는 한 택시 회사는 지난해 봄부터 '침묵 택시'를 시범운행하고 있다. 이 침묵 택시 운전기사들은 도착지를 물을 때와 계산할 때, 그리고 손님이 질문할 때를 제외하고는 말을 걸지 않는 것을 원칙으로 한다. 조용하게 목적지로 이동하고 싶은 사람들에게는 희소식이 아닐 수 없다.

그러고 보면 우리는 원치 않을 때도 누군가의 이야기를 들어야 하고 질문에 답해야 하는 구조 속에서 살아온 것 같다. 침묵하고 있으면 차가워 보인다는 소리를 듣고 사교성이 떨어지는 사람으로 오해를 받기도 한다. 그런 오해를 받고 싶지 않아 주저리주저리 불필요한 말을 하는 사람들도 있다. 나도 말이 많은 편이 아니라 사회생활을 할 때 다소 힘들 때가 있다. 내 앞의 상대가 침묵이 불편할까 봐 평소보다 더 말을 하기도 하고, 그 노력조차도 힘겨운 날에는 차라리 만남을 자제하고 혼자 시간을 보낸다.

이처럼 사람들은 삶의 방식이 각기 달라서 어떤 사람에게는 상대를 배려한다고 한 행동이 오히려 고맙지 않은 배려로 전달될 때가 있다. 그러면 대부분 서운해한다. 상대를 위해 정성을 쏟았는데 고맙다는 말도 하지 않는다고 말이다. 상대에게 관심을 쏟고 자주 전화를 하고 안부를 물어봐주는 것이 그 사람을 위한 최선이 아닐 수도 있다. 아무 말 없이 묵묵히 멀리서 지켜봐주는 것에 고마움을 느끼는 사람도 있기 때문이다. 이것은 부모자녀 관계에서든, 연인관계에서든, 친구와의 관계에서든 마찬가지이다.

나에게 상담을 받는 20대 미혼 여성들은 남자친구와 싸우고 난 뒤에 겪는 침묵의 시간을 견디기 힘들다고 호소한다. 그에 반해 남성들은(모두 그런 것은 아니지만) 갈등이 생기면 조용히 자신만의 동굴로 들어간다. 이런 행동은 현재 상황을 일시적으로 피하려는 회피성 방어기제일 수도 있고, 혼자 생각할 시간을 가지는 것이 서로에게 이로울 수 있다고 판단에 기인한 행동일 수도 있다. 남자가 동굴로 깊이 들어갈수록 여자의 마음은 타들어 가고 분노는 극에 달한다. 여자는 끊임없이 대화를 원하고 남자는 불편한 상황을 피해 줄행랑을 친다. 태생적으로 너무도 다른 대처방식을 타고난 남자와 여자는 평생 갈등을 겪을 수밖에 없다. 서로의 방식을 이해하고자 노력하기 전까지는.

그렇다고 해서 침묵이 늘 옳다고 이야기하는 것은 아니다. 침묵만큼이나 적절한 대화와 소통은 관계에서 필수적이다. 다만 상대를 배려한 '친절한 침묵'은 살아가는 데 있어 반드시 필요하다. 친절한 침묵은 묵묵부답이 아닌 상대와 나를 객관적인 시각에서 조망할 수 있는 능력이기 때문이다. 우리는 생각보다 별일 아닌 것 때문에 싸우고 사소한 말다툼으로 감정이 상한다. 부부싸움의 대부분은 실제 일어난 일보다 대화하는 과정에서 서로에게 상처를 주는 말 때문에 커질 때가 많다.

때로는 먼발치에서 상황을 바라보고 내 감정을 들여다보는 것이 오히려 관계에 이로울 수 있다. 언어의 또 다른 형태인 침묵을 다시금 이해하고 느껴보자. 침묵에 불안해하지 않고 그것과 친해질 때 상대를, 그리고 자신을 더 깊이 이해하는 혜안을 가질 수 있다.

고독을 즐길 수 있다는 것

지금은 혼자 있는 것도 두렵지 않다. 이 높은 곳에서는 아무도 만날 수 없다는 사실이 오히려 나를 지탱해준다. 고독이 더 이상 파멸을 의미하지는 않는다. 이 고독 속에서 분명 나는 새로운 자신을 얻게 되었다. (중략) 그것은 내 인생에서 처음으로 체험한 흰 고독이었다. 이제 고독은 두려움이 아닌 나의 힘이다.

_ 라인홀트 메스너, 《검은 고독 흰 고독》 중에서

글을 쓰기 시작한 이후로 나에게는 새로운 버릇 하나가 생겼다. 이미 알고 있던 단어라도 사전적 의미를 찾아보는 것이 그것이다. 예를 들어 '사유'라는 의미에 대해 생각해보고 싶을 때 국어사전에서 '사유'를 찾아본다. 이렇게 찾아보다 보면 내가 기존에 생각하고 있던 뜻과 사전적 의미가 매우 달라서 놀라기도 하고 내가 가진 편협한 시각을 되돌아보게 되기도 한다. 때로는 같은 단어라도 사회의 문화적 특성에 따라 그 의미에 차이를 보이기도 하는데, 그 대표적 예가 '고독'이다. 국어사전과 영어사전으로 검색한 단어 '고독'은 다음과 같다.

고독 (孤獨)

[명사]

1. 세상에 홀로 떨어져 있는 듯이 매우 외롭고 쓸쓸함.

2. 부모 없는 어린아이와 자식 없는 늙은이.

고독 (孤獨)

[명사] loneliness, solitude

1. loneliness

고독: 외로움

2. solitude

(특히 즐거운) 고독

우리가 어릴 적부터 들어온 '고독'은 외로움, 쓸쓸함, 허망함 등과 같은 '홀로 남겨진(loneliness)'의 의미이다. 하지만 최근에 책이나 강연을 통해 우리가 쉽게 접할 수 있는 '홀로 있는 즐거움'에 대한 주제들은 영어사전에 나오는 두 번째 의미인 '즐거운 고독'

에 가까워 보인다. '고독'이라는 단어가 문화권에 따라 완전히 다른 의미로 해석되는 것을 보니 신기하기도 하고 특유의 집단문화를 이루고 있는 우리나라에서는 고독이 마치 타인으로부터 외면당하고 쓸쓸하게 버려지는 것만을 상징하는 것 같아 쓸쓸한 기분이 들기도 했다.

대중매체에서 부각되고 있는 '홀로 있는 즐거움'에 대한 이슈는 기존에 우리에게 익숙했던 고독에 대한 정의를 다각화해서 볼 수 있게 한다. 평소 즐겨보는 TV프로그램인 〈나 혼자 산다〉는 혼자 사는 싱글 남녀가 자기 식대로 살아가는 이야기를 실제상황을 통해 보여준다. 열여덟 살의 나이에 배우의 꿈을 가지고 혼자 서울로 올라와 자취생활을 하는 곽동연 군이 했던 말이 문득 떠오른다.

"인생은 고독이에요."

고작 열여덟 살밖에 되지 않은 소년의 입에서 인생은 고독이라는 말이 나온다는 것이 의아해서 그가 살아온 삶이 궁금해졌다. 퀴퀴한 냄새가 진동하고 바퀴벌레가 다니는 반지하 원룸, 곽동연 군이 혼자 생활하는 공간이다. 학교에서 돌아오는 길, 그의 반지하 원룸 외벽에 어른들이 술을 마신 후 구토를 한 흔적이 보인다.

그는 괴로운 표정을 지으면서도 얼른 청소 도구를 가지고 나와서 남이 구토한 분비물을 치우고 말끔히 청소한다. 지하에서 올라오는 퀴퀴한 냄새를 제거하기 위해 집안도 늘 깨끗하게 닦고 방충제도 뿌려놓는다. 아직 부모의 손이 필요한 나이임에도 혼자 밥을 차려 먹고 비타민도 챙겨 먹는 그를 보니 아들을 키우는 엄마로서 가슴이 짠했다.

사실 그에게는 아픈 상처가 있었다. 사랑하는 엄마가 병을 앓다가 얼마 전에 돌아가신 것. 그럼에도 자신의 삶을 스스로 개척하고 꿈을 이루기 위해 독립을 선택한 것이었다. 학교에 다니면서 연기 연습을 하고 혼자 생계를 꾸려나가는 것은 어른도 하기 힘든 일인데 그것을 자신이 감당해낼 삶으로 받아들인 열여덟 살 소년의 모습이 참으로 대단해 보였다. 그 장면을 보며 배우 김광규는 이렇게 말했다. '곽동연은 일찍 외로움을 알게 되었지만 그것은 전혀 짠한 외로움이 아니라 젊음의 도전으로 이룬 참으로 부러운 것이다'라고.

어쩌면 고독은 우리 인생의 가장 힘든 순간에 찾아오는 감정인지 모른다. 남들은 밝은 빛 속에서 즐거워 보이는데 나만 어두운 그림자에 가려져 홀로 침잠하는 것 같은, 고요한 적막함 속에 내 움직임과 목소리만이 감지되는, 세상에서 가장 조용한 순간이다.

실존적 존재로서의 인간이 '진짜 나'와 만나는 순간은 이때이다. 타인의 목소리도 들리지 않을 정도로 고요하고 가장 어둡고 가장 추운 공간에서 오랫동안 외면해온 나를 만나는 것이다. 사람들은 이 느낌과 마주하는 것이 두렵기 때문에 계속해서 의미 없는 약속을 만들고 이성을 만나며 취할 때까지 술을 마신다. 또 어떤 이는 성공에 대한 집착으로 자신을 혹사하며 무리해서 일을 하기도 한다. 고독과 마주하면 초라하고 쓸모없게 버려지는 내 모습과 마주보게 될까 봐 회피하는 무의식적 방어기제이다.

나도 내면의 고독감을 느낄 때면 움츠러들기도 하고 쓸쓸한 마음이 들기도 한다. 하지만 그 속에 조용히 머무르다 보면 고독이 나를 외롭게 만드는 무엇이 아니라 오히려 나를 솔직하게 바라봐주는 친구같이 편안하게 느껴진다. 고독과 친구가 되면 더는 타인으로부터 위로받으려 애쓰지 않게 되고 복잡한 마음을 스스로 정리하는 힘을 갖게 된다. 고독을 즐길 수 있다는 것은 인생의 여러 가지 맛 중 하나를 알게 되었다는 뜻이다. 그 맛을 음미할 수 있을 때 더 이상 고독은 고립이 아닌 '자립'이 된다.

"외로움이란 혼자 있는 고통을 표현하기 위한 말이고, 고독이란 혼자 있는 즐거움을 표현하기 위한 말이다."

≈ 폴 틸리히(신학자)

버리지 못하는 병에 걸린 사람들

서른 살 은경 씨는 일을 마치고 집에 들어갈 때마다 꼭 집 앞 대형마트에 들른다. 딱히 살 것이 없는데도 1층의 화장품 코너를 비롯하여 옷 가게, 액세서리 가게를 둘러보고 몇 가지를 산다. 지하 2층 식품관에 들어서면 그녀가 좋아하는 스낵과 야식 메뉴들이 눈길을 사로잡는다. 밤에 TV를 보며 먹을 과자와 맥주, 그리고 주전부리들을 카트에 담는다. 당장 필요 없는 음식들도 언젠가는 먹겠지 하며 카트에 쏟아 붓는다. 끌리는 대로 사다 보니 50만 원이 훌쩍 넘어버렸다.

그녀의 집에는 사놓기만 하고 먹지 않는 과자, 라면, 홈쇼핑에서 주문한 영양제, 화장품, 청소도구들이 가득하다. 어떤 때는 물건을 주문한 사실조차 잊고 또 주문해서 같은 물건이 반복해서 온 적도 있다고 한다. 은경 씨는 무언가를 사지 않으면 마음이 공허해지고 무엇을 해야 할지 모르겠다며 불안감을 호소했다. 인터넷으로 물건을 고르고 결제를 하는 순간에만 심리적으로 편안함을 느끼기 때문에 그러한 편안함을 지속적으로 느끼기 위해 계속해서 물건을 사들였다. 이런 병리적인 소비습관 때문에 집에는 마치 쓰레기장을 방불케 할 정도로 많은 물건이 너저분하게 쌓여 갔다. 심지어 뜯지 않은 택배상자들도 방 한구석을 차지하고 있었다. 사놓은 물건을 제대로 사용하지도 않고, 가지고 있는 물건도 버리지 못한다. 언젠가는 쓰겠지 하며 물건들을 보관해두는 것이다. 그녀는 저장강박(Compulsive hording)을 가진, 이른바 호더(Holder)였다.

호더들은 쇼핑을 하고 집을 물건들로 가득 채움으로써 심리적인 위안을 얻는다. 그렇기 때문에 물건을 버리는 일도 쉽지 않다. 마음에서 불안감이 올라오기 때문이다. 이들은 물건을 버릴 때 누군가와의 행복한 추억이 사라지는 불안을 경험하기도 하고, 마음이 서늘하고 공허해지는 느낌을 동반하기도 한다. 그러다 보니 그들의 공간은 불필요한 물건들로 가득 차서 생활이 불가능한 지경까지 가기도 한다.

은경 씨가 상담실을 방문한 것은 그녀의 충동적인 소비습관과 버리지 못하는 버릇을 걱정하던 친한 친구의 권유에서였다. 은경 씨는 처음에는 물건을 사는 것이 자신이 쇼핑을 좋아해서 그런 건 줄 알았는데 물건이 쌓여가고 주거공간이 마치 창고처럼 변하는 것을 보니 무언가 잘못되어가는 것 같아 자신의 상태를 점검해보고 싶다고 했다.

그녀는 작은 시골에서 1남2녀 중 장녀로 태어났다. 그녀의 부모님은 두 분 다 일을 하느라 바빠서 어린 은경 씨가 어린 동생들을 돌보는 일이 많았다고 한다. 아직 사랑받고 보살핌 받아야 할 나이에 주어진 엄마 역할은 고되고 힘든 일이었다. 은경 씨는 고사리 손으로 어린 동생들을 위해 밥을 짓고, 계란프라이를 해서 김치와 함께 먹였다. 동생들을 다 먹이고 난 뒤에야 비로소 밥통에 눌어붙은 누룽지에 보리차를 붓고 끓여서 한 끼를 때웠다. 넉넉지 않은 집안 형편 때문에 겨울에도 보일러를 자주 틀 수가 없어서 전기장판을 틀어놓고 동생들과 이불 속에서 함께 몸을 녹였다. 그때 경험했던 혹독한 추위 때문에 지금 은경 씨는 혼자 사는 집에 바닥이 펄펄 끓을 정도로 보일러를 틀어놓는다고 한다.

대학 졸업 후 그녀는 도망치듯 혼자 서울로 올라왔다. 동생들에 대한 미안함이 있었지만 그녀에게 오랫동안 가족은 마음의 짐 같은 존재였기에 간절히 벗어나고 싶었다. 친구들처럼 부모님이 보내주는 해외연수도 가보고 싶었고 예쁘게 꾸미고 나가서 남자친구와 데이트도 하고 싶었지만 그녀에게는 의지할 수 있는 부모님도, 마음을 터놓을 남자친구도 없었다. 그녀의 헛헛한 마음을 채워주고 안정감을 느끼게 해주는 것은 오로지 물건을 사들이는 것

뿐이었다. 처음에는 소소한 액세서리나 간식거리로 시작했던 것이 점차 규모가 커지면서 결국 그녀가 사는 원룸은 수많은 옷과 음식, 뜯지도 않은 택배상자로 빼곡히 채워져 발 디딜 틈조차 없게 되었다.

실제로 나에게 심리상담을 의뢰하는 내담자 중에는 은경 씨와 같은 문제를 호소하는 사람들이 꽤 있다. 그들은 필요 이상의 많은 물건을 사들이고 버리지 못하는 강박을 가지고 있거나 충동적으로 폭식하고 토하기를 반복하는 등의 섭식장애(Eating disorder)를 보이기도 하며 무분별하게 이성과 성관계를 맺는 등의 성적인 문제를 호소하기도 한다. 증상은 모두 상이하지만 근원은 모두 같다. 마음속의 공허함과 결핍을 물건 혹은 사람으로 채우기를 반복한다는 것이다. 이들은 자기 존재를 확인하기 위해 중독적 행위를 하며 불안을 통제하고자 애쓴다.

어린 시절 의미 있는 타인으로부터 사랑과 인정을 충분히 받지 못한 사람들이 물건에 과도한 애착을 쏟기 쉽다는 연구 결과가 있다. 미국 뉴햄프셔대학의 리메이 교수는 물건에 대한 애착과 사랑과 인정에 대한 갈망은 매우 유의미한 관계가 있다며 이렇게 이야기한다.

"사람은 주변 사람에게 사랑과 인정을 받을 때 안정감을 느끼지만,

인간관계에서 안정감을 찾지 못하는 사람은 어떤 물건을 가졌다는 사실에서 부족한 안정감을 보상받게 된다."

실제로 과도하게 부를 소유하고 남들에게 드러내기를 즐기는 사람들을 보면 어린 시절에 충분히 사랑받지 못했거나 심리적인 결핍이 있었던 경우를 흔히 볼 수 있다. 은경 씨와 같은 저장강박 혹은 신경성 폭식증으로 힘들어하는 이들이 가장 먼저 해야 할 일은 자신이 원했던 물건이나 음식이 자신의 심리적 불안을 잠재우기 위한 수단이었다는 것을 인식하는 것이다. 물건이 정말 필요해서 소유하고 싶었던 것인지, 사지 않으면 마음속의 공허함을 달랠 수 없어서 충동적으로 지르는 것인지를 잠시 멈추어 생각해보아야 한다.

또한, 친밀하고 안정적인 관계를 경험해보는 것이 중요하다. 동성이나 이성 모두 괜찮다. 자신이 무언가를 잘하지 못해도 있는 그대로 존중하고 믿어주는 누군가와 의미 있는 관계를 경험해야만 병리 증상을 완화할 수 있다. 주변에 그러한 사람이 없다면 전문가에게 심리상담을 받아볼 것을 권한다. 상담자와의 신뢰 있는 관계 속에서 개인은 본연의 자신으로 되돌아가고 사람에 대한 믿음과 사랑이 공고히 채워지기 때문이다.

물건을 사고 싶은 욕구가 불현듯 올라오거나 배가 고프지 않은

데도 음식으로 채우고 싶을 때, 잠시 충동적인 행동을 멈추고 내 마음속에 올라오는 허기진 느낌을 알아차리자. 그것은 속이 텅 빈 것 같은 느낌일 수도 있고 불안한 감정일 수도 있다. 때로는 가슴이 서늘한 느낌이 들기도 한다. 그렇게 가슴으로 느껴지는 감각을 알아차리는 것이 무엇보다 중요하다. 그때 느껴지는 감각이나 느낌을 노트에 적어보고 나의 욕구를 인식해야 한다. 그 다음에는 내가 사려고 했던 물건을 재점검해보는 것이 좋다. 이때 자신에게 해볼 수 있는 몇 가지 질문은 다음과 같다.

이 물건이 생존에 꼭 필요한가?

이 물건이 나를 설레게 하는가?

이 물건은 나를 행복하게 해주는가?

이 물건을 사지 않으면 나는 어떤 감정이 드는가?

지금 나는 어떤 감정을 간절히 원하는가?

자신의 욕구와 느낌을 알아차리는 일은 생각보다 쉽지 않다. 오랫동안 우리는 내면의 감정에 머무르지 못한 채 다른 방법(음식, 쇼핑, 운동, 섹스 등)으로 감정을 해소해왔기 때문이다. 우리가 살면서 겪게 되는 외로움, 공허함, 열등감 등의 감정은 결코 물건이나 타인을 통해 해소되지 않는다.

자신이 그러한 감정을 느끼고 있음을 스스로 알아주고 보듬어 주어야 비로소 서서히 물러간다. 내면의 실존적 두려움과 만나는 것은 매우 고통스러운 일이지만 비 온 뒤에 땅이 굳어지는 것처럼 내 안의 두려운 감정들과 마주할 때 비로소 새로운 감정이 싹트게 된다.

당신이 가장 두려워하는 것을 찾아라.

진정한 성장은 그 순간부터 시작된다.

≈ 카를 구스타프 융(분석심리학자)

불필요한 감정 소모를 줄이는 법

자기가 크리스마스트리인 줄 알 때가 있다. 하지만 곧 자신은 그 트리를 밝히는 수많은 전구 중 하나일 뿐이라는 진실을 알게 된다. 그리고 머지않아 더 중요한 진실을 알게 된다. 그 하찮은 전구에도 급이 있다는 것을.

_ 드라마 〈직장의 신〉에 나오는 대사 중에서

몇 년 전 일본 소설을 원작으로 하여 직장인들의 삶을 풍자적으로 연출한 드라마가 인기리에 방송되었다. 카리스마 있는 연기로 대중을 압도하는 배우 김혜수가 '미스 김'으로 출연한 〈직장의 신〉이 그것이다. 불의의 사고로 직장에서 친하게 지내던 동료를 잃고 회사로부터 부당해고까지 당하는 불운을 겪게 된 미스 김은 자신을 무참히 짓밟은 세상에 정면승부 하기 위해 '자발적 계약직'의 삶을 선택하게 된다.

어떤 회사든지 단 3개월만 계약하고 일하는 것이 그녀의 원칙이다. 계약 연장은 절대 없다. 오로지 직속상관이 시킨 업무와 '미스 김 사용설명서'에 표기된 일만 업무시간 내에 할 뿐이다. 아침 9시 출근에 저녁 6시 칼퇴근, 정확하게 지키는 한 시간의 점심식사. 업무 시간 이외에 일이 주어질 경우 엄청난 금액의 시간 외 수당을 회사에 청구하고 서명을 받아야 비로소 업무에 착수하는 그녀. 정에 이끌려서 동료의 일을 도와준다거나 회식에 참석하는 것은 미스 김에게는 결코 있을 수 없는 일이다.

그럼에도 수많은 회사가 그녀를 영입하기 위해 안달이 나 있다. 그녀는 워드프로세서와 같은 기본 자격증은 물론이고 4대 조리사 자격증, 중장비 기사 자격증, 목욕관리사 자격증, 항공 조종사 자격증, 조산사 자격증 등 124개의 전문 자격증을 갖춘 슈퍼우먼이기 때문이다.

직장 상사가 부당하게 시킨 일을 당당하게 거부하는 미스 김의 모습을 보며 통쾌함을 느낀 시청자들이 많았을 것 같다. 회사에 출근하자마자 상사의 눈치를 보고, 자기다움은커녕 인간답게 살지 못하는 자신을 보며 점점 직장의 노예가 되어가는 듯한 느낌은 아마도 모든 직장인이 가지는 내면의 갈등일 것이다. 심지어 일요일 밤에 하는 TV 쇼 프로그램인 〈개그콘서트〉 방송이 끝날 때 나오는 스티비 원더의 노래 '파트 타임 러버(Part Time Lover)'가 직장인들에게는 듣기만 해도 우울해지는 노래, 월요일을 부르는 노래로 불리는 것은 고된 직장인들의 삶을 대변한다.

〈직장의 신〉에 나오는 미스 김은 현실에서는 있을 수 없는 캐릭터이다. 더욱이 인간관계를 회사생활에서 가장 중시하는 우리 사회에서 그녀처럼 행동하는 것은 거의 불가능하다. 만일 그랬다가는 소위 '싸가지 없는 애'로 낙인찍혀 일자리가 위태로워질지 모른다.

나도 상담일을 하기 전에는 평범한 직장인이었다. 상사의 눈치를 보고 진급심사에서 밀리지 않기 위해 업무든 인간관계에서든 할 수 있는 데까지 해가며 고군분투했다. 그때는 능력을 인정받고 내 자리를 지키기 위해 회사가 삶의 전부인 양 내 모든 것을 쏟아부었다. 그래서인지 윗사람들로부터 늘 책임감 강하고 일 잘하는 직원으로 불리었다. 하지만 퇴근과 함께 밀려오는 피곤함과 헛헛함은 나에게 물음표를 던져주었다.

"나는 지금 무엇을 위해 일하고 있는 거지?"

연차가 쌓일수록 보람은커녕 인간관계에서 상처받는 일만 늘어갔다. 어떤 때는 내가 이 정도로 회사를 위해 최선을 다하는데 그만큼의 보상을 해주지 않는 회사가 야속하기도 하고 내가 이룬 성과를 낚아채가는 직속상관의 야비함에 어안이 벙벙해지기도 했다. 회사원 시절의 나를 떠올려보니 드라마 〈직장의 신〉에서 사람들에게 이리 치이고 저리 치이는 계약직 직원 정주리의 모습을 보는 듯했다.

대부분 직장인이 심리상담을 받으러 올 때는 대개 두 가지 이유에서다. 도저히 맞추기 힘든 상사 혹은 동료와의 심리적 갈등과 직장 내에서의 정체성에 대한 혼란이 그것이다. 많은 사람이 과중한 업무에 대한 어려움보다 인간관계 문제를 훨씬 힘들어한다. 나와 전혀 다른 배경에서 자라고 전혀 다른 성격을 가진 타인과 이견을 조율해나가는 것은 누구에게나 쉽지 않은 일이다. 그것이 업무와 연결될 경우에는 더욱 그렇다.

나는 이러한 문제로 상담을 의뢰하는 이들에게 몇 가지 조언을 하곤 하는데, 그중 하나가 '도표를 만들어 생각하기'이다. 예를 들어 상사와 커뮤니케이션에 문제가 발생했을 때 그의 말에 순응할지 혹은 내 의견을 피력할지를 선택해야 하는 경우를 예로 들어보자. 나는 내담자에게 A4용지에 칸을 만들어 두 가지 경우의 장단점을 있는 대로 적어보기를 요청한다.

	상사의 지시에 순응하기	내 의견을 피력하기(들이받기)
장점	별 탈 없이 사무실이 돌아간다.	순간적으로는 속이 뻥 뚫린다.
단점	속이 답답하다. 화병이 난다.	앞으로의 회사생활이 불편해진다.

그리고는 자신이 적은 장단점을 상담가(나)와 함께 나누며 생각을 정리해나가는 것이다. 단순한 방법이지만 이렇게 적는 것은 문제를 해결하는 데 있어 꽤 효과적이다. 머릿속으로만 생각하던 고민을 글로 옮기면 복잡했던 마음이 해소되고 생각들이 하나씩 제자리를 찾아가기 때문이다.

직장생활에서 가장 비건설적인 행동은 자신을 자꾸만 피해자의 위치에 놓고 '내가 이만큼 했는데 어떻게 나한테 이럴 수 있어!'라며 상처받는 버릇, 혹은 '저 사람은 도대체 무슨 생각으로 저러는 거야'라며 비난만 하려고 하는 마음이다. 이 둘은 어떤 이득도 나에게 가져다주지 않는다. 상대가 내 노력을 충분히 인정해주지 않는 것은 상대의 문제이지 내 문제는 아니다. 억울할 수는 있지만 내가 어찌할 방법은 없다. 또한, 동료 중 누군가와 생각에 차이를 보이는 것도 너무나 당연한 일이다. 우리는 모두 다른 생각을 가졌고 각자가 처한 위치와 역할이 다르기 때문이다. 상대가 그렇게 말하고 행동하는 데는 그 사람만의 이유가 있을 것이다. 그것이 내가 하는 업무와 마찰을 일으킨다면 내 의견을 당당히 내세우거나 그럴 수 없다면 마음에서 빨리 내려놓는 게 정신건강에 이롭다.

주변 사람들 모두와 합의를 이루는 것은 불가능한 일이다. 60퍼센트 정도만 맞아도 행운일 것이다. 하지만 많은 사람이 90퍼센트에 가깝게 의견을 맞추려고 고군분투한다. 게다가 그들은 자신의 가치관이나 주장을 굽힐 생각이 거의 없다. 이것이 반복될 경우 결국 불필요하게 감정을 소모하게 되고 괴로운 것은 본인뿐이다.

직장은 아름다운 인간관계를 맺기 위해 만들어진 곳이 아니며, 나의 정체성을 오롯이 대변하는 곳도 아니다. 직장은 직장일 뿐이며 내 삶의 일부일 뿐이라는 것을 기억하자.

1. 현재 내가 겪고 있는 갈등이 무엇인지 적어보고 두 가지 선택을 정하여 그
것의 장단점을 각각 있는 대로 적어보자.

장점		
단점		

인생에 꼭 필요한 것은 많지 않다

흔히 인생을 여행에 비유하곤 한다. 행선지도 모른 채 여행을 하다 보면 나도 모르게 엉뚱한 곳에 서 있는 나를 발견하기도 하고, 목적지를 알고 출발했음에도 떠나는 기차를 놓치고 멍하니 바라봐야 할 때도 있다. 때로는 목적지에 안전하게 도착했는데도 내가 기대하고 동경했던 곳이 아니어서 실망하거나 헛헛한 마음이 드는 여행도 있다. 여행은 우리를 긴장하게 하면서 동시에 설레게 한다.

지난해 발리로 가족여행을 갔을 때의 일이다. 오랜만에 떠나는 여행이라 들뜬 마음에 내가 가지고 있는 여행가방 중 가장 큰 것을 골라서 짐을 하나씩 챙기기 시작했다. 매일 갈아입을 외출복과 실내복을 비롯하여 각종 화장품, 읽을 책 몇 권과 노트북, 남편의 소지품과 아이의 옷가지들, DSLR 카메라, 상비약, 여벌의 신발까지 집어넣다 보니 가방에 짐이 넘쳐서 지퍼를 온 힘을 주고 잠가야만 겨우 닫히는 지경에 이르렀다. 이대로 공항에 갔다가는 허용무게 초과로 추가비용을 지불할 것이 분명했다. 나는 또 다른 가방 하나를 꺼내어 이미 싸놓은 짐을 나눠 담기 시작했다. 처음에 짐을 담았던 큰 트렁크가 그제야 원래의 반듯한 모습으로 돌아온 것을 확인한 후 안심하고 공항으로 향했다.

일주일을 계획하고 떠난 여행, 나는 설레는 마음으로 지하철에서 여행 책자를 읽으며 여행 기분을 만끽했다. 우리가 여행할 곳을 미리 사진으로 훑으니 멋진 여행이 될 것 같아 배시시 웃음이 나왔다. 그때 내 옆에 앉은 연세가 지긋한 할아버지가 불현듯 나에게 말을 걸었다.

"어디 좋은 곳에 한 달쯤 다녀오려고 하나 보네, 애기엄마."

흰 수염에 가려 입이 제대로 보이지도 않았지만 할아버지가 한 말씀은 내 귀에 똑똑히 들어왔다. 여행 가는 것 같은데 짐이 왜 그렇게 많으냐는 뉘앙스 같았다. 나는 "아, 네. 아이가 아직 어려서 챙길 게 많네요" 하고 괜한 아이 핑계를 대며 멋쩍은 웃음을 지었다. 뒷짐을 진 할아버지는 우리에게 여행 잘 다녀오라고 인사를 건네며 다음 역에 내리셨다. 나는 내 앞에 놓인 여행가방을 물끄러미 바라보았다. 옷을 하나만 더 넣어도 지퍼 사이로 툭 뱉어낼 것처럼 빈틈이 없는 가방이 왠지 답답해 보였다. 문득 이런 생각이 들었다.

'과연 이 짐들이 나를 여행에서 행복하게 해줄까?'

여행의 목적은 잠시 일상에서 벗어나 새로운 환경에서 맛있는 것을 먹으며 그동안 쌓인 스트레스와 마음의 짐을 벗어버리고자 함이었는데, 마치 인생의 짐이 가득 담겨 금방이라도 터질 것 같은 가방을 여행길에 꾸역꾸역 짊어지고 가는 나 자신을 바라보았다. 그리고 곧바로 알아차렸다. 여행가방의 무게는 결국 내가 가진 불안의 무게였다는 것을. 옷이 더러워지면 물로 대충 헹궈서 말린 후에 다시 입거나 현지에서 사 입어도 되고, 평소 바르던 화장품도 몇 단계를 건너뛴다고 해서 큰일이 나는 것도 아닌데 마치 내 집처럼 모든 것이 제자리에 있어야 마음이 안정되는지 내 마음속 불안을 그대로 여행가방에 담았던 것이다. 무거운 가방 탓에 나와 남편은 여행 첫날과 마지막 날에는 가방을 옮기는 데 힘을 다 써버리고 말았다.

리처드와 데이비드는 그들의 저서 《인생의 절반쯤 왔을 때 깨닫게 되는 것들》에서 우리가 가진 모든 짐이 정녕 우리를 행복하게 해주느냐고 묻고 있다. 없으면 큰일 날 줄 알고 가방 속에 꾹꾹 담아오던 짐들이 내 삶에서 정말 필요한 것인지 한 번쯤 생각해보라는 말이다. 당신이 짊어진 짐은 물건일 수도, 사람일 수도, 해야 할 일일 수도 있다.

가끔 대청소를 하다 보면 집에 전혀 필요하지 않은 물건들이 하나씩 발견될 때가 있다. 이를테면 손님이 왔을 때만 내놓을 것 같은 구절판 쟁반이 그것이다. 7년 전 결혼할 때 사들이고는 언젠가는 쓸 일이 있겠지 하고 수납장 한구석에 고이 모셔놓았다. 물론 그 이후에 집에서 구절판 요리를 한 적은 단 한 번도 없었다. 필요하지 않은 물건들이 내 공간을 가득 메우고 있는 것처럼 꼭 하지 않아도 될 일이나 일 년에 한 번도 연락하지 않는 수많은 사람의 연락처, 불필요한 자료들은 내 삶에 얼마나 많이 저장되어 있을까 하는 생각이 들었다.

주변 사람들이 살아가는 방식대로 이끌려 살다 보면 내가 원치 않은 일들을 하고 있을 때가 있다. 남들이 하면 좋다고 하는 운동, 있으면 좋다고 하는 관계, 받으면 좋다고 하는 교육이 나에게는 어떤 즐거움이나 유익함을 주지 않음에도 불구하고.

《인생의 절반쯤 왔을 때 깨닫게 되는 것들》에서 저자들은 우리에게 지나온 삶을 돌아보고 재점검을 할 필요가 있다고 이야기한다. 자신에게 질문을 던지지 않으면 그 일을 하는 이유를 알 수 없기 때문이다. 그들이 제시한 '바람직한 삶을 위한 핵심질문'은 다음과 같다.

나는 '왜' 이 일을 하고 있는가?

나는 '왜' 이 사람들과 관계를 맺고 있는가?

나는 '왜' 이곳에 살고 있는가?

나는 '왜' 이것을 나의 목적으로 삼고 있는가?

나도 이 질문들에 대한 나만의 답을 써보았지만 결코 쉽게 대답할 수 있는 질문들이 아니었다. 많이 생각하고 고민해야 답을 알게 된다. 혹은 시간이 지나도 그 답을 명확히 알기 어려울 수 있다. 하지만 인생에서 한 번쯤은 그들이 제시한 삶의 핵심질문들을 자신에게 할 필요가 있다. 자신도 모르게 원치 않은 짐을 가지고 있는 것은 아닌지 확인하고 나에게 가장 소중한 것이 무엇인지 깨닫기 위해서다.

그렇다고 해서 현재 짊어지고 있는 짐들을 한꺼번에 내려놓거나 직업까지 바꾸라는 말은 아니다. 다만 현재 내가 무엇을 위해 그 일을 하고 있고, 내 주변을 어떤 것들로 채우고 있는지 상태를 파악하는 것이 중요하다. 개선은 내가 문제점을 알아차리고 변화를 원할 때 하나씩 도전하면 된다.

인생에 꼭 필요한 것은 생각보다 많지 않다. 하지만 우리는 그 사실을 망각한 채 무언가로 삶을 채우기 바쁘다. 채우지 않으면 남들보다 뒤처질 것 같고 사회에서 낙오될 것 같은 불안감 때문이다. 그러한 심리적 불안을 잠재울 수 있는 유일한 방법은 내가 나에게 질문을 건네는 것이다. 마치 오랫동안 알고 지낸 친한 친구처럼.

삶은 누구에게나 처음이기에 우리는 자신에게 서툴다. 인생은 마치 미지의 세계를 여행하는 것 같아 어떤 짐을 꾸려야 할지 알 수 없다. 하지만 서툰 나에게 조금씩 말을 걸다 보면 내 안의 내가 진정 원하는 것을 찾게 될 것이다.

완전히 자유로워질 수 없다면 웬만큼이라도 자유로워져라.

≈ 랠프 월도 에머슨(작가)

1. 내 삶에 꼭 필요한 것들(물건, 사람, 신념 등)이 무엇인지 생각해보고 '인생 트렁크' 속에 그려 넣어보자.

인생 트렁크

'따로 또 같이'의 미학

심리상담을 받는 사람 중에는 연애를 하는 데 어려움을 겪거나 부부간의 마찰로 상담실을 방문하는 경우가 많다. 혼자서 이 방법, 저 방법을 써보기도 하고 주변 사람들에게 조언을 구해봐도 딱히 원하는 답변을 얻지 못해 방황할 때 심리상담은 최후의 보루가 된다. 물론 상담가가 연애 전문가는 아니지만 내담자가 무엇 때문에 감정이 격해졌는지, 현재 겪고 있는 관계 문제의 근본원인이 어디에 있는지, 진정 자신이 원하는 것이 무엇인지 거울처럼 들여다보도록 하는 역할을 하므로 문제해결에 도움이 된다. 심리상담은 자신의 민낯을 보는 과정이다. 그래서 때로는 아프기도 하고 두려운 감정도 든다. 하지만 분명한 것은 '진짜 나'와 만날수록 내면이 성장한다는 것이다.

소희 씨를 만난 것은 지난여름, 햇볕이 유난히도 뜨거웠던 8월의 어느 날이었다. 그날은 상담사례가 많지 않아 연구소 문을 일찍 닫고 혼자 산책을 하러 나갈 채비를 하고 있었다. 서류가방을 챙겨 들고 문을 여는 순간 20대 후반 정도로 보이는 한 여성이 연구소 문 앞에서 누군가를 기다리는 것처럼 서 있었다. 나는 그녀에게 어디를 찾는지 물었고 그녀는 대답했다.

"혹시 연애상담 같은 것도 하시나요?"

그녀의 표정은 몹시 다급해 보였고 지금 그녀를 돌려보내면 마치 무슨 일이라도 벌어질 것만 같은 불길한 예감이 들었다. 나는 소희 씨를 상담실로 안내했고 붉게 상기된 그녀가 마음을 진정할 수 있도록 에어컨을 틀고 시원한 차를 내었다. 연구소 안을 두리번거리던 그녀는 이내 분위기에 익숙해졌는지 자신의 이야기를 털어놓기 시작했다.

평범한 회사원인 소희 씨는 현재 만나고 있는 사람이 이틀째 연락 두절이며 몇 번 메시지를 보내기도 하고 전화도 해보았지만 묵묵부답이라고 했다. 계속 연락하면 그 사람이 자신에게 질리거나 떠날까 봐 더 연락할 수도 없다며 복잡한 심경을 토로했다. 온종일 그 사람 생각에 업무에 집중할 수가 없고 남자에게 목매는 자신이 너무 형편없게 느껴져서 자괴감이 든다고 했다. 대학 때 했던 안 좋은 첫사랑의 기억 때문에 다시는 누군가에게 마음을 열지 않으리라 다짐했던 그녀는 다시금 사랑의 굴레 안에서 허우적대고 있었다.

나는 그녀에게 물었다. "그 남자가 연락이 닿지 않으면 소희 씨는 어떤 마음이에요?" 그녀는 잠시 고개를 창밖으로 돌린 채 생각에 잠기는 모습이었다. 그리고는 대답했다.

"어떤 마음인지는 잘 모르겠어요. 그냥 가슴이 서늘해지고 깜깜한 곳에 혼자 남겨진 느낌이에요."

많은 내담자가 마음속에 올라오는 감정에 이름을 붙이지 못한다. 그것을 말로 표현해본 적이 없고 누구도 물어준 적이 없기 때문이다. 그렇기에 그들은 신체감각을 떠올리며 자신의 감정을 이야기한다. 내담자가 언어로 감정을 표현하기 힘들어할 때 나는 그림이나 색깔로 묘사해보라고 할 때도 있다. 감정이란 관념이 아닌 에너지 덩어리 혹은 신체감각에 가깝기 때문이다.

사랑하는 사람이 갑자기 연락 두절이 되면 사람에 따라 각기 다른 감정을 느낀다. 어떤 이는 상대에게 무슨 일이 생긴 것은 아닌지 걱정하고, 또 어떤 이는 자신에게 마음이 멀어진 것은 아닌지 불안해한다. 다른 사람이 생긴 것은 아닐지 의심되기도 하고 초조해지기도 한다. 소희 씨가 호소한 감정은 '서늘함'과 '깜깜한 곳에 혼자 남겨진 느낌'이었다. 그 감정을 주체할 수 없어서 회사에 병가를 내고 상담실을 찾아온 것이다.

그 후로 그녀와 몇 회의 상담을 더 진행했고, 나는 그녀가 말한 '서늘한 감정'에 대해 알아차리기 시작했다. 사랑하는 사람과 단절되었을 때 그녀가 느끼는 감정은 거부당하거나 홀로 버려진 느낌이었다. 소희 씨는 그러한 감정이 올라올 때마다 마주하는 것이 두려워서 술을 마셔보기도 하고 친구들을 만나서 수다를 떨기도 했지만 감정을 외면하려 하면 할수록 더욱더 감정의 소용돌이 속에 빠졌다.

정신분석학자 마가렛 말러(Margaret Mahler)는 출생을 두 가지로 구분했다. 육체적 출생과 심리적 출생이 그것이다. 인간은 만 3세가 되기 전까지는 어머니와 심리적 공생관계에 있다가 점차 하나의 개별화된 인격으로 분리된다. 아이에게 있어서 이러한 분리-개별화(Separation-Individuation) 과정은 극심한 고통이다. 어머니와 심리적으로 한몸인 줄 알았는데 자신이 개별화된 인격이며 독립해야 하는 숙명임을 받아들여야 하기 때문이다. 아이는 공생의 욕구와 독립의 욕구 사이에서 끊임없이 심리적 갈등을 겪으면서 비로소 개별화, 즉 심리적 탄생(The Psychological Birth)을 이루어낸다.

이 시기에 분리-개별화 과정이 잘 이루어지면 아이는 자라서 자신의 삶을 주체적으로 균형을 잡고 살아가게 되지만, 그렇지 않을 경우에는 타인과 관계를 맺는 데 어려움을 겪게 된다. 일체감의 욕구와 독립성의 욕구가 팽팽하게 줄다리기를 하기 때문이다. 이들은 사랑하는 상대와의 분리를 견디기 힘들어하고 고통스러워한다. 연결감을 느끼는 것이 이들에게는 일생일대의 중대한 목표가 된다.

소희 씨의 두려움은 사랑하는 대상에게서 버림받거나 홀로 남겨지는 것이었다. 첫사랑을 할 때도 같은 고통으로 만남과 이별을 반복했고 시간이 지난 지금도 그녀는 연인과 분리되는 고통으로 힘겨워하고 있었다. 흔히 사랑은 둘이 만나 하나가 되는 것이라고 이야기하지만, 건강한 사랑은 함께할 때는 좋은 관계를 유지하고 혼자 있을 때는 자신을 지키며 생산적으로 보낼 수 있을 때 성립되는 것이다.

소희 씨에게 있어서 심리적 독립은 여전히 많은 시간과 노력이 필요한 작업이다. 친밀한 대상과 안전한 환경에서 함께 하고 또 분리되는 경험을 지속적으로 반복하고, 타인 및 자신에 대한 신뢰감이 공고하게 구축되어야 비로소 심리적 독립을 이룰 수 있기 때문이다.

이 책을 읽고 있는 당신이 파트너와의 관계에서 소희 씨와 같은 불안을 경험하고 있다면 상대를 탓하거나 바꾸려 하기 보다 자신이 가진 내면의 불안을 알아차리고 심리적 독립을 이뤄내도록 노력해야 한다. 이것은 오랜 시간이 걸리는 작업이고 내면의 두려움과 맞서는 일이라 용기가 필요하다. 심리상담, 명상, 글쓰기, 신앙생활, 믿고 의지하는 사람과의 대화 등 무엇이든 좋다. 내면을 끊임없이 들여다보고 인식하는 것에서 관계의 변화가 시작된다. 두려움과 조우할 때 당신의 삶에 새로운 사랑이 찾아오게 될 것이다.

4장
:
외롭지 않은 삶을 위한
마음공부

나를 옥죄는 마음속 두려움과 마주하기

우리 모두는 삶, 사랑, 모험에 대한 꿈을 가지고 있습니다. 하지만 슬프게도 우리는 그것들을 시도해서는 안 되는 이유들로만 무장하고 있습니다. 그런 이유들은 언뜻 우리를 보호해주는 듯하지만 사실은 우리를 가두고 삶에 거리를 두게 합니다. 삶은 우리가 생각하는 것보다 훨씬 짧습니다. 만일 타야 할 자전거와 사랑해야 할 사람들이 있다면 바로 지금이 그것을 할 때입니다.

_ 퀴블러 로스, 《인생 수업》 중에서

평일 아침 도심의 한 카페, 정장에 서류가방을 들고 바삐 움직이는 거리의 직장인들을 물끄러미 바라보며 커피를 마시는 한 청년이 있다. 취업준비생 승재 씨다. 창밖에 보이는 남자들은 이제 막 회사에 입사한 사회초년생들처럼 보인다. 자신과 비슷한 또래의 청년들이 번듯하게 차려입고 출근하는 모습을 바라보는 승재 씨는 금세 의기소침해진다. 그는 2년 동안 수십 곳의 회사에 입사 지원서를 썼지만 안타깝게도 결과는 늘 낙방이었다. 처음 자신이 설정했던 기준보다 낮춰 지원하고 면접도 보았지만 좋은 소식을 들을 수 없었다. 그는 지금 6개월째 구직활동을 하지 않고 있다. 부모님께 용돈을 받아쓰는 것도 염치가 없어서 저녁에는 호프집 알바를 하며 학원비와 용돈을 벌고 있다.

새벽 늦게 호프집 일이 끝나서 몸이 피곤하지만, 그에게는 충분한 아침잠을 자는 일도 허락되지 않는다. 취업도 못하고 매일 밖에서 빈둥거리는 것처럼 보이는 아들이 못마땅한 아버지 때문이다. 남들은 자식이 대학을 졸업하자마자 대기업이나 외국계 기업에 붙어서 자랑을 하고 다니는데 제 자식은 사람 구실도 못하는 것 같아 집에 들어오기도 싫다는 아버지의 신세한탄을 듣고 싶지 않아 매일 다섯 시간만 자고 일어나서 도서관이나 카페로 향하는 승재 씨였다.

내가 그를 처음 만난 건 연구소에서 열었던 초보 작가들을 위한 글쓰기 강좌에서였다. 소그룹으로 진행했던 그 강좌에는 대여섯 명의 이삼십 대 작가지망생들이 참여했다. 첫 수업이 있던 날 승재 씨는 맨 마지막에 도착해서 자리에 앉았는데, 그의 얼굴은 무척 피곤해 보였고 눈가에는 다크서클이 짙었다. 첫 시간에는 각자 어떻게 이 자리에 오게 되었고 무슨 이유로 글을 쓰고 싶은지에 대해 이야기를 나누었다. 그들 중에는 직장 내에서 글을 쓰는 업무가 많아서 신청한 직장인도 있었고, 조금이라도 젊을 때 자신이 살아온 삶을 에세이로 내고 싶다는 야심 찬 대학생도 있었다. 이내 승재 씨의 이야기를 들을 시간이 다가왔다. 그는 긴장했는지 다소 붉게 상기된 얼굴로 천천히 입을 떼었다.

"그냥 사는 게 너무 힘들어서요. 그래서 혼자 글을 쓰기 시작했어요. 글이라도 쓰지 않으면 미쳐버릴 것 같아서……."

순식간에 강의실은 조용해졌고 모두가 승재 씨를 바라보았다. 그의 눈에서는 참았던 눈물이 왈칵 쏟아지려고 했지만 낯선 사람들 앞에서 그런 모습을 보이고 싶지 않은지 애써 눈물을 삼키는 모습이었다. 나는 용기를 내어 찾아온 그를 격려하며 그의 이야기를 더 듣고 싶다고 말했다. 그는 하나씩 자신의 이야기를 풀어놓았고 우리는 그가 왜 그렇게 자신을 억누르며 살아왔는지, 그에게 글을 쓴다는 것이 어떤 의미인지 조금씩 이해하게 되었다.

승재 씨에게 있어 글이란 자신의 마음을 털어놓을 수 있는 유일한 친구였고 안식처였다. 세상 사람들이 모두 자신을 쓸모없는 존재로 여기는 것 같아 사람들 앞에만 서면 늘 불안했고, 앞이 보이지 않는 미래가 암담하게 느껴졌다. 불확실한 상황 속에서 수년을 버티다 보니 마음은 피폐해질 대로 피폐해져 있었다. 반복된 구직 실패와 아버지의 비난, 주변 친구들의 취업 소식은 승재 씨를 점점 더 움츠러들게 했고 그만의 동굴 속으로 숨어버리도록 했다. 그런 승재 씨를 버티게 해준 건 다름 아닌 글쓰기였다.

나도 20대에 정체성과 진로문제로 격렬한 방황을 했던 터라 승재 씨의 마음에 깊이 공감할 수 있었다. 인생의 반쯤 살고 나서 되돌아보면 20대는 무엇이든 자유롭게 도전할 수 있는 때임을 알게 되지만, 그 당시에는 미래에 대한 막연한 두려움으로 끊임없이 흔들리고 방황할 수밖에 없다. 그나마 자신을 지지해주는 가족이나 친구가 있다면 힘든 상황도 잘 버틸 수 있지만 가족으로부터 비난을 받는 처지라면 아무리 정신적으로 건강한 사람이라도 멘탈을 유지하기 힘들다. 그래서 자꾸만 자신을 숨기려 하고 '나'에 대한 탐색은 하지 않은 채 남들이 좋다고 하는 직장에 들어가기 위해 애쓴다. 그들에게는 자아실현보다 남들이 보기에 번듯한 직장에 들어가는 것이 중요하기 때문이다. 적성도 흥미도 무시한 채 세상의 기준을 따라가다 보면 결국 퇴사를 하게 되고 다시 깊은 정체성의 혼란에 빠진다.

심리상담을 받는 이들은 대개 '세상이 바라보는 나'와 '내가 바라보는 나' 사이에서 갈등을 하다가 이렇다 할 답을 찾지 못해 상담실을 찾는 경우가 많다. 타인으로부터 인정받고 부모님을 기쁘게 해드리기 위해서는 빨리 취업을 해야 하는데 정작 자신이 좋아하는 일이 무엇인지도 모르겠고 내가 어떤 사람인지도 제대로 모른다. 그러다 보니 자신을 알지 못하는 데서 자괴감이 들기도 한다.

글쓰기 강좌를 마친 후 승재 씨의 글을 우연히 읽게 되었다. A4용지 두 장을 가득 채운 그의 글에는 이제껏 그가 생각했던 쓸모없고 못난 승재 씨가 아닌, 작은 빛이지만 영롱한 생명력이 느껴지는 그가 존재했다. 그의 글은 너무나 솔직했고 문장 하나하나에 승재 씨의 깊은 슬픔이 진하게 묻어나 있어 나도 모르게 글을 읽으며 눈물을 머금었다.

그는 현재 나에게 상담을 받고 있다. 매회 상담에서 우리는 내면의 두려움에 관해 이야기 나눈다. 그의 마음속 깊은 곳에 있는 두려움은 사람들로부터 외면당하고 버림받는 것이었다. 잘했을 때에만 타인으로부터 인정받을 수 있다는 뿌리 깊은 신념 때문에 늘 애쓰며 살아왔지만 그 신념 이면에 숨겨진 두려움 때문에 그는 자신이 원하는 것을 찾거나 도전할 용기를 내지 못했다. 도전했다가 실패하는 모습을 타인에게 보이는 것이 두려웠고 그러한 자신을 마주할 자신이 없었기 때문이다.

진저히스는《여자들의 인생 2막》에서 우리가 어떤 처지에 있건 나이가 몇이건 불행하고 스스로 심신이 만신창이가 되었다고 생각하더라도 우리의 초상은 여전히 인내심을 갖고 그 그림을 완성해 주기를 기다린다고 말했다. 흰 캔버스 위에 색을 입히고 자신의 모습을 용기 있게 그림으로써 원하는 자화상을 창조하는 것이라고.

우리는 매 순간 남들의 시선을 의식하느라 정작 자신의 자화상에는 전혀 손을 대지 못하고 그리기를 망설이거나 타인이 아름답다고 인정할 만한 모습으로 색을 칠해 원래의 내 모습을 덮어버린다. 하지만 우리의 초상은 우리가 용기를 내어 진짜 원하는 모습을 그려주기를 바라고 있다.

내가 가진 두려움이 무엇인지 용기 내어 바라보자. 나를 옥죄고 힘들게 하는 것은 세상 사람들이 아니라 다름 아닌 내 마음속 두려움이다.

우울증은 삶의 의미를 잃은
당신에게 주는 신의 선물

소리쳐 부르고 어깨를 두드리고 돌을 던져도 소용없자 인생은
나에게 우울증이라는 핵폭탄을 터트렸다. 그것은 나를 죽이려는
의도가 아니라 나를 돌려세워 "당신이 원하는 게 무엇입니까?"
라고 묻기 위한 최후의 노력이었다.

_ 파커 J.파머,《삶이 내게 말을 걸어올 때》

화장기 하나 없는 얼굴, 언제 감았는지 모르는 부스스한 머리,
생기라고는 전혀 볼 수 없는 표정. 상담실에서 처음 만난 세은 씨
는 마치 내일 죽어도 덤덤히 받아들일 것 같이 삶에 대한 의지를
완전히 잃어버린 듯한 모습이었다. 상담을 받기 위해 연구소를 찾
아온 것만으로도 충분히 노력했다며 격려해주고 싶은 마음이었다.

그녀는 내가 권한 따뜻한 차 한 잔도 외면한 채 멍하니 창밖을

바라보았다. 나도 그녀가 응시하는 곳을 따라가 보았다. 창 밖의 날씨는 그녀의 기분을 살피지 못한 채 눈부시도록 햇볕이 내리쬐는 맑은 날이었고 5월의 푸릇한 나무와 풀들은 신선함과 강인함을 뿜내고 있었다.

"눈이 부시면 블라인드를 조금 내려드릴까요?"

상담이 시작된 지 한참이 지나서야 나는 첫 마디를 떼었다. 그녀는 그렇게 해달라고 대답했고, 우리의 '위대한 침묵'은 그렇게 끝이 났다.

결혼 4년 차인 그녀는 세 살배기 아들을 키우는 엄마였고, 그녀의 남편은 강남에서 유명하다고 소문난 성형외과 전문의로 능력과 재력을 모두 갖춘 사람이었다. 그녀의 친정부모는 노후를 걱정하지 않아도 될 정도로 풍족한 생활을 누리고 있었고, 그녀의 가족은 겉으로 보기에는 아무 문제 없는 평화로운 모습이었다. 그런 그녀는 어떤 어려움 때문에 나를 찾아온 것일까?

세은 씨의 우울증은 아이를 낳고부터 시작되었다. 그녀는 부모님의 바람대로 좋은 대학에 들어갔고 졸업과 동시에 대기업에 합격했다. 그리고 현재 남편과의 만남까지 모든 것이 순조로웠다. 이보다 더 완벽할 수 없을 정도로 그녀의 삶은 탄탄대로였다고 한다. 하지만 아이를 낳고 난 이후 그녀에게 찾아온 정체성의 혼란은 그녀를 뒤흔들어놓았다. 자신이 누군지 모르는 채로 엄마라는 역할을 맡게 되었고, 일 때문에 매일 같이 늦게 들어오는 남편에게 자신의 감정을 헤아려달라고 호소하기는 쉽지 않은 노릇이었다. 그럼에도 그녀는 완벽한 엄마, 아내 노릇을 하려고 애썼고 시부모님께도 좋은 모습을 보이기 위해 자신을 포장하며 살았다.

그녀의 주변에는 아이를 잘 키우는 엄마들, 자기관리를 잘하는 엄마들이 넘쳐났고 그럴수록 그녀는 더욱 위축되었고 우울감은 커져갔다.

"선생님, 제 삶이 껍데기처럼 느껴져요."

나는 그녀가 계속 말을 이어갈 수 있도록 아무 말도 하지 않고 눈빛으로 지지를 보냈다. 그녀는 이제껏 자신이 살아온 삶이 사람들의 기대에 부응하기 위한 삶이었고, 타인에게 좋은 사람으로 보이게끔 마치 연극을 하며 살아온 것 같다고 했다. 하지만 그러한 연극이 끝나고 무대에서 내려올 때마다 허탈했고 비참한 자신의 모습을 마주하는 것이 괴롭다며 참았던 눈물을 흘렸다.

나를 찾아오는 내담자들은 우울, 강박, 무기력함, 불안 등 여러 가지 심리적 문제들을 호소한다. 그중 단연 많은 케이스는 우울증이다. 사람들은 자신의 삶이 뭔가 제대로 돌아가지 않는 것 같고 남들과 비교해서 자신만 못나 보일 때, 무기력하거나 마음이 공허할 때, 심리적 좌절을 겪을 때 우울해진다.

그들은 자신이 정신과에 가야 하는 것은 아닌지 걱정하며 불안해하기도 하고, 자괴감을 느끼기도 한다. '정상 범주'에서 벗어난 것 같은 자신의 모습을 보며 낯설어하고 괴로워한다. 우울증은 흔히 마음의 감기라고 부르지만, 실제로 우울증을 겪는 사람들은 아픔을 호소하기보다는 좌절감을 느끼곤 한다.

나는 세은 씨와 같은 사람들을 상담실에서 만나면 안쓰러운 마음 한편으로는 그들이 우울증이라는 선물을 받은 것을 축복해주고 싶기도 한다. 우울증이 온 것을 축복한다니, 누가 들으면 심리치료를 하는 사람이 궤변을 늘어놓는다며 혀를 내두를 수도 있겠다.

우울증의 다른 말은 '잘살고 싶은 마음'이다. 우리는 자신의 삶이 마음에 들지 않을 때, 이대로는 도저히 못 살 것 같을 때 우울해진다. 우울한 사람은 더 우울하기 위해 상담실을 찾지 않는다. 그들은 현재의 무기력한 모습이 아닌, 더 나은 자신이 되기 위해 상담실에 온다.

5월의 푸르른 봄에 만난 세은 씨도 겉보기에는 우울한 모습이었지만, 그녀의 마음속에는 삶을 활기차게 살고 싶고 긍정적인 자신의 모습과 만나고 싶은 간절한 바람이 있었으리라. 그 모습을 만나지 못한 채 자꾸만 나락으로 떨어지는 자신만 보기 때문에 우울해지는 것이다. 이때 우리는 자신을 구제해줄 누군가를 찾는다. 우울증은 결국 나락으로 떨어지지 않기 위해 붙잡는 생명의 끈과 같다. 간절히 살고 싶은 마음 말이다.

그녀와는 4개월 정도 상담을 이어갔다. 그 만남 동안 세은 씨는 어떻게 변화했을까? 그녀의 우울증은 우리가 만난 지 두 달이 지날 때쯤 대부분 호전되었다. 그녀는 약물의 도움 없이 스스로 자신의 우울증을 극복했다. 물론 이따금 기분이 가라앉을 때도 있었지만 바닥까지 파고들어 갈 정도는 아니었다. 내가 상담에서 그녀에게 준 도움은 사실 대단한 것이 아니었다. 그녀로 하여금 사람들이 씌워준 '껍데기'를 벗고 자신을 발견하도록 한 것, 그리고 그녀만의 삶의 의미를 찾도록 도운 것뿐이었다.

오스트리아의 정신과 의사이자 작가인 빅터 프랭클(Viktor Frankl)은 '왜 살아야 하는지' 아는 사람은 어떤 상황에서도 버틸 수 있지만, 그렇지 못한 사람은 쉽게 무너지고 인간으로서의 존재가치를 잃어버리게 된다고 말했다. 이것은 그가 제2차 세계대전 이후에 포로로 끌려간 아우슈비츠 수용소에서 매일 죽음을 마주하며 경험했던 통찰이었다. 그는 '사느냐 죽느냐'는 육체적인 힘이 아니라 포기하지 않는 마음에 달려 있다고 이야기한다. 이러한 사상은 그가 창시한 로고테라피(Logotherapy), 즉 '의미치료'의 근간이 되었다.

그만큼 인간이 살아가는 데는 '의미'가 중요하다. 우리가 어떤 행동을 할 때에는 자기 나름의 의미가 있어야 하고, 의미를 찾지 못할 때 우리는 껍데기와 같은 삶을 살고 있다고 느낀다. 그리고 의미는 반드시 자신의 힘으로 찾아야 한다. 부모나 주변 사람이 부여해준 것이 아닌, 스스로 찾은 삶의 의미만이 나를 실존적 존재로 살아가도록 하기 때문이다.

우울증은 삶의 의미를 잃었을 때 찾아온다. 나도 오랜 시간 우울증이라는 늪에 빠져 허우적댄 적이 있다. 지금 돌이켜 생각해보면 나에게 우울증은 신이 내려준 동아줄과도 같았다. 그만큼 잘살고 싶고, 의미 있게 살고 싶어서 힘들었던 것이다. 우울증이라는 선물 덕분에 나는 나만의 삶의 의미를 발견하게 되었고 온전한 나로서 살아가게 되었다.

우울증이라는 핵폭탄은 당신을 죽이기 위해 떨어진 것이 아니라 당신을 돌려세워 "당신이 원하는 것이 무엇입니까?"라고 묻는 최후의 노력이다. 모든 것은 동전의 양면이다. 우울증 뒤에 숨겨진 보물을 발견하는 것은 오로지 당신의 선택에 달려 있다.

1. 내 인생의 의미는 무엇인가? (나는 무엇을 추구하며 살고 싶은가?)

2. (1번 질문에 대답하기 어렵다면) 내가 진정 피하고 싶은 삶은 어떤 삶인가?

3. 내가 원하는 삶을 살기 위해 이달(혹은 이번 주)에 내가 할 수 있는 노력을 적어보자.

불확실함을 견디는 힘이 필요하다

간단하게 말해, 나는 자연이 내던진 자식인 셈이야. 불확실함 속으로, 어찌 보면 새로운 세계 속으로 내던져진 존재인 거야. 본래의 심연에서 던져진 존재의 의지를 완전히 내 것으로 만드는 일, 그 일이 나의 사명인 거지.

_ 헤르만 헤세, 《데미안》 중에서

지난해 출간된 나의 저서 《엄마도 가끔은 엄마가 필요해》에서 나는 아이를 키우는 엄마들이 '퍼즐형 육아'에서 '레고형 육아'로 전환해야 한다고 역설했다. 퍼즐에는 각각의 자리가 있고, 그 자리를 찾지 못하고 뒤섞이면 퍼즐판은 엉망이 되어버리고 만다. 퍼즐에는 오로지 한 가지 답만 존재한다. 하지만 레고는 무한대의 답을 만들어낼 수 있다. 아빠가 만든 멋진 자동차, 엄마가 만든 알록달록 예쁜 꽃, 아이가 만든 특이한 모양의 집. 이 모든 것이 각자의 상상 속에서 만들어진 그들만의 창조물이다.

나는 요즘 엄마들이 아이들을 자신이 만든, 혹은 사회가 만든 퍼즐판 안에서 제자리를 찾으며 살아가도록 종용하는 것은 아닌가에 대한 화두를 던졌다. '모호한 상태'를 견디지 못하고 반드시 한 가지 답만을 도출해내려고 하는 어른들의 불안에 관해 이야기하고 싶었다.

다가올 미래가 눈앞에 훤히 보인다면, 그것이 내가 기대했던 만큼의 행복이 아닐지라도 그리 불안하지 않다. 앞으로 어떻게 살아야 할지, 미래의 내 모습이 눈에 그려지기 때문이다. 하지만 다가올 미래를 한 치도 알 수 없을 때 우리는 초조하고 불안하다. 자신이 무엇이 될지, 어떻게 살아야 할지 막막하기 때문이다.

그와 같은 상황에서 옆에서 함께 걸어가던 사람들이 갑자기 속도를 내서 달려가면 불안감은 더욱 높아진다. 나는 제자리를 맴돌며 헤매고 있는데 타인은 무언가 '제대로' 자기 길을 가는 것처럼 느껴지기 때문이다. 그럴 때 우리는 자신도 모르게 서서히 그들을 따라 뛰기 시작한다. 그들이 가는 방향대로, 목적지가 어디인지도 모른 채.

이전의 계급사회에서는 각자의 신분과 역할이 정해져 있기 때문에 자신이 해야 할 일과 삶의 방향을 비교적 구체적으로 그릴 수 있었다. 선택의 폭이 좁다 보니 정체성에 대한 혼란도 적었으리

라. 사회에서 역할을 자동적으로 부여해주면 대부분 사람은 그것이 자신이 가야 할 길이라 생각하고 순응하며 살아간다.

이전의 시대에 비하면 지금은 비교할 수 없을 정도로 개인의 자유가 보장되었고, 개인의 의지나 노력으로 인생을 바꿀 기회가 얼마든지 열려 있다. 하지만 현대를 사는 사람들은 여전히 불안하고 삶이 불행하다고 호소한다. 남들과 자신을 비교하며 더 높이 올라가지 못하는 자신을 책망하고 삶의 방향을 잡지 못한 채 부유한다. 물질이 풍족해졌음에도 불구하고 우리는 여전히 배가 고프다.

TV나 인터넷 매체를 통해 접하게 되는 타인이 살아가는 방식과 평범함을 넘어선 화려한 모습들을 바라보며 우리는 삶에 회의감을 느끼기도 하고 좌절감 혹은 우울감을 느끼기도 한다. 그리고 자신만 사회 속에서 퇴보하는 것 같아 불안하다.

심리상담을 통해 수많은 사람을 만나며 알게 된 것은, 그들이 비슷한 상황에서 불안감을 느낀다는 것이다. 그들은 대개 다른 사람에 비해 정체되거나 퇴보한다고 느낄 때, 자신의 미래가 안개 낀 것처럼 불투명할 때, 경험해보지 못한 새로운 상황에 직면할 때, 맡은 일을 그르칠까 봐 걱정될 때, 자신이 가야 할 방향이 정해져 있지 않을 때 불안해했다.

우리의 삶은 불안의 연속이다. 오늘 무슨 일이 생길지 알 수 없고, 내일 우연히 사고가 날 수도 있다. 내 아이가 살아갈 미래는 어떤 모습일지 상상할 수 없고, 내가 낳은 아이지만 그 아이가 장차 어떻게 자랄지도 알 수 없다. 매일 밤을 고민하며 어렵게 투자한 아파트값이 오를지 내릴지, 현재 만나고 있는 사람이 나와 평생을 함께할 사람인지조차 알 수 없는 문제이다.

그럼에도 우리는 미리 최선의 답을 내기 위해 고군분투한다. 최고의 결정을 내리기 위해 애쓰고, 잘못된 선택을 최대한 피하려고 전전긍긍하며 살아간다. 현대인들의 모습은 마치 수능시험을 코앞에 두고 긴장하고 초조해하는 수험생의 모습과도 같다. 자신이 공부한 것을 하나라도 틀리지 않기 위해 암기하는 손은 바쁘고 불안으로 가득 찬 심장은 두근거린다. 머리도, 가슴도, 손도 쉴 새가 없다. 실패하면 무가치한 존재, 부끄러운 존재로 치부하는 사회 속에서 우리는 실패하지 않기 위해 몸부림친다.

최근 '실패학'이라는 분야가 사회의 새로운 움직임으로 대두된 것은 이렇듯 실패를 두려워하거나 불확실성에 대한 대처능력을 상실한 현실을 반영한다. 실패학을 연구하는 학자들은 사람들에게 어떤 메시지를 전달하고 싶었을까? 실패를 인생의 끝 또는 자신의 무가치함을 대변하는 것으로 규정한다면 성공하지 못한 삶은 모두 배척돼버리고 만다. 그렇다면 실패는 과연 무의미한 것일까? 아이가 처음 걸음마를 배울 때를 생각해보자.

아들 다민이는 유난히 걸음이 느린 아이였다. 생후 13개월이 되어서도 걷지 못해 엉금엉금 기어서 어린이집에 등원했던 기억이 있다. 공원에 나가보면 다민이와 같은 또래의 아이들은 아장아장 잘도 걷는데, 다민이는 나에게 딱 붙어서 안겨 있거나 유모차에 앉아 있으려 했다. 정상발달이 이루어지지 않는 것 같아 걱정되고 불안한 마음도 들었지만, 아이는 모두 발달 속도가 다르니 괜한 걱정으로 아이를 바라보지 않으리라 마음먹었다.

그리고 몇 달 뒤 다민이는 점차 자기 속도로 한 발 한 발 걸음마를 시작했다. 서는 힘이 충분치 않아 다리는 후들거리고 몇 번이고 넘어지기를 반복했지만 아이는 한 발짝이라도 자신의 힘으로 걷기 위해 안간힘을 썼다. 땀으로 아이의 목덜미가 흥건해지기도 했고 넘어져 코에 상처가 나기도 했지만 아이는 결국 스스로 걷는 데 성공했다. 사람이 걷기 위해서는 2만 번을 넘어져야 한다는 누군가의 말이 떠오르는 순간이었다.

어쩌면 인생에는 완전한 실패도, 완전한 답도 없는 것이 아닐까? 수만 번의 실패를 거듭하다가 비로소 걷게 된 아이에게 넘어짐이란 실패가 아닌 '시도'였고, 성공을 향해 가는 '과정'이었다. 그 아이가 앞으로 걷게 될 길 또한 우리가 미리 짐작할 수 없다. 아이에게 배움을 열어주고 부모로서 세상에 대해 조금은 알려줄 수는 있지만 어떤 삶을 살지 결정하는 건 아이의 몫이기 때문이다.

불확실함 속에서 답을 찾고 싶은 것은 당연한 마음이지만 때로는 그러한 불확실함을 견디는 힘도 필요하다. 모든 것에 명확한 답을 내리려 하는 것이야말로 우리가 가지는 비현실적인 기대가 아닌가 싶다. 불안감은 죽을 때까지 우리와 동행해야 할 삶의 친구이다. 지금 이 책을 읽고 있는 당신의 마음속에 불안감이 올라온다면 있는 그대로 바라봐주면 좋겠다. 삶에서 당신만의 해답을 찾기 위해 애를 쓰고 있다는 증거이니까.

　삶이 어디로 가고 있는지 모름을 인정하고 나면 변화의 기회가 무르익는다. 그러면 비로소 구체적으로 변화하게 된다. 이처럼 길을 잃는 것은 더욱 깊은 길로 나아가는 서막과 같다.

_ 마크 네포, 《그대 마음에 고요가 머물기를》 중에서

분노 뒤에 숨겨진 감정을 읽어라

"선생님, 어렸을 때 저는 엄마가 학교 선생님이 아니라 시장에서 생

선 파는 사람이었으면 좋겠다고 생각했어요."

다영 씨는 흐느껴 울었다. 그녀의 얼굴에는 어린 시절 엄마로부
터 거부당하고 혼자 웅크려 울고 있는 열 살 아이가 새겨져 있었
다. 엄마에게 맛있는 부침개를 만들어주려고 학교에서 오는 길에
쑥을 한껏 뜯어서 신 나게 집으로 향한 그녀. 그런 그녀의 마음을
전혀 알지 못하고 엄마는 왜 길거리에 있는 잡초를 뜯어왔느냐며
그녀를 향해 무참히 던져버렸다. 쑥, 아니 무성한 잡초들이 그녀
의 눈앞에서 순식간에 흩어져버리고 어린 소녀 다영 씨는 토끼 눈
을 한 채 그 자리에서 얼어버렸다. 소녀는 엄마의 화난 표정을 바
라볼 수 없어 고개를 숙였다. 고사리 손으로 풀을 뜯느라 손에는

질척한 흙이 아직도 묻어 있었고 날카로운 자갈에 긁혔는지 손끝이 따끔했다.

25년이 지난 지금 그녀는 다섯 살배기 아들을 키우고 있다. 다영 씨의 아들은 유난히 자연을 사랑한다. 숲속에서 여러 가지 재료들을 마련해 엄마를 위한 진수성찬을 차리기도 한다. 아이는 커다란 나뭇잎을 바닥에 깔고 그 위에 도토리 세 알, 흙 한가득, 은행잎 다섯 개를 올려놓는다. 젓가락으로 쓸 가느다란 나뭇가지 두 개는 엄마를 위한 배려다. 다영 씨는 아들에게 "잘 먹을게, 아들 고마워"하며 젓가락을 손에 쥐었다. 이내 그녀의 눈에서 알 수 없는 눈물이 주르륵 흘렀다. 혹여나 아들이 자신의 눈물을 볼까 봐 얼른 눈물을 훔쳤다. 다행히 아들은 흙 파는 놀이에 빠져 있다.

유난히 엄마를 좋아했던 아이, 엄마에게 인정받고 싶었던 다영 씨는 오랜 시간 엄마를 미워했다. 자신을 거부하고 이야기를 들어주지 않았던 엄마가 야속했고 원망스러웠다. 그럼에도 그녀는 끝까지 사랑받기 위해 고군분투했다. 엄마가 인정해줄 만한 결과를 내기 위해 열심히 공부해서 번듯한 회사에 취직하고, 부모님이 좋아할 만한 듬직한 남편감도 구했다. 그런데도 여전히 그녀에게 돌아오는 것은 엄마의 질타와 꾸중이었다. 다영 씨의 엄마는 딸이 무엇을 해도 격려해주거나 궁금해하기보다 자기식대로 평가하고 비판했다.

그 때문이었을까, 밝고 명랑한 성격의 다영 씨는 언제부턴가 점점 의기소침해지고 사람들의 눈치를 보는 일이 많아졌다. 어디를 가든 사람들이 자신을 평가하고 손가락질할까 봐 늘 날을 세우고 다녔다. 누군가가 다가와도 반기기보다 상대가 다가온 의도를 불순하게 여기거나 의심했다. 유치원에서 엄마들 모임이 있을 때면 매번 바쁜 일이 있다며 자리를 피했고 놀이터에 가서도 다른 사람들이 자신에게 쉽게 말을 걸지 못하도록 인상을 쓰거나 고개를 외면한 채 휴대폰만 들여다보았다.

우리가 자신을 숨기거나 부인할 때 마음속에서는 불편감이 올라온다. 원래의 마음은 그렇지 않은데 행동을 다르게 하면 몸에서 신호를 보낸다. 두통이 오기도 하고 어깨가 결리기도 한다. 심장이 두근거리거나 손이 떨리는 사람도 있고, 자신도 알 수 없는 화나 짜증이 치밀어 오르기도 한다.

처음 다영 씨를 상담실에서 만났을 때 그녀는 다소 긴장되어 보였고 왠지 모를 '화'가 느껴졌다. 그녀는 누군가가 자신을 평가하거나 공격할까 봐 한껏 날을 세우고 있는 것처럼 보였다. 하지만 그녀의 '화' 속에는 여러 가지 감정이 숨어 있는 듯했다. 직감적으로 느껴진 것은 '슬픔'이었다.

대개 분노라는 감정은 다른 감정들을 숨기기 위해 표출될 때가 많다. 중년 남성이 퇴근하고 집에 들어왔을 때를 예로 들어보자.

부인은 빨래를 개면서 "왔어요?" 하고 인사를 하는 둥 마는 둥 하고 쳐다보지도 않는다. 아이들은 심지어 각자의 방에서 나오지도 않고 컴퓨터 게임을 하고 있다. 이 남성은 자신을 무시하는 것 같아 화가 치밀어 오르고 이내 소리를 지른다. "집구석이 쓰레기장이야? 이게 뭐야, 왜 이렇게 지저분해!"라며.

사실 남성이 집에 들어섰을 때의 첫 감정은 '화'가 아니었다. 부인과 아이들이 반갑게 맞이해주지 않은 데 대한 서운함이었다. 이런 상황에서 섭섭함이나 슬픔의 감정을 느낄 수도 있지만 남자들은 대개 슬프거나 서운한 감정을 숨긴 채 화로 표현하는 경우가 많다. 물론 이것은 일부러 의도한 것이 아니라 오랜 시간 답습해온 무의식적 행동이다.

4개월 동안 다영 씨의 상담을 진행하며 나는 그녀가 오랫동안 마음속에 간직해온 슬픔과 상실감에 대해 알게 되었다. 소녀 다영 씨는 엄마와 공유하고 싶은 게 많은 아이였다. 소꿉장난도 하고 싶었고 엄마와 감정을 교류하고 싶었다. 그녀는 엄마를 정말 사랑했고 늘 함께하길 원했다. 하지만 엄마가 그녀에게 준 사랑은 다영 씨가 받고 싶었던 것이 아니었다. 교사였던 그녀의 엄마는 딸에게 가혹할 정도로 처벌적이고 매사에 평가적이었다. 다영 씨는 따뜻한 엄마 품에서 사랑받고 싶었지만 엄마는 사랑을 주는 방법도, 아이의 감정을 받아주는 방법도 배우지 못한 서툰 엄마였던 것이다.

다영 씨는 이제는 안다. 그녀의 엄마도 서툴렀고, 자신도 서툰 엄마라는 것을. 그리고 엄마를 그토록 미워하고 원망했던 마음속에는 깊은 상실감과 슬픔, 엄마에 대한 사랑이 있었다는 것을. 이렇듯 억압했던 감정들은 잘 읽어주기만 하면 스르르 모습을 감추고 사라진다. 하지만 감정에 서툰 우리는 기분 나쁜 감정이 올라오면 그것을 억누르기 바쁘다.

내 마음과 행동 사이에서 괴리감이 든다면 가장 먼저 해야 할 일은 어떤 상황이 발생했을 때 내가 느낀 '첫 감정(1차 감정)'을 떠올리는 것이다. 그것은 대개 '화'나 '짜증'이 아닐 확률이 높다. 내가 느낀 처음 감정을 있는 그대로 읽어주어야 한다. 서운했으면 "서운했구나", 슬펐으면 "내가 슬펐구나"라고 말이다. 그리고 해야 할 일은 첫 감정 속에 들어 있는 나의 소망을 발견하는 것이다. 내가 원했던 상태, 내가 상대에게 바랐던 반응을 스스로 인식하는 것만으로도 감정 해결에 도움이 된다.

내가 느끼는 감정은 상대가 준 것이 아닐 수도 있다. 그것이 나의 기대나 소망에서 비롯된 감정이라면 상대를 탓하고 원망하기보다 내 마음을 들여다보는 것이 우선이다. 자신의 감정을 읽어줄 때 우리 안에서 복잡하게 꼬였던 매듭들이 하나씩 풀려나간다. 감정의 소용돌이에서 완벽하게 벗어날 수는 없겠지만 내가 나를 이해한 만큼 관계에서 편안해지는 것은 부정할 수 없는 사실이다.

　"저리 가! 다 필요 없어"라는 울음 뒤에는 "내 곁에 있어줘. 난 당신이 필요해"라는 간절한 바람이 숨어 있다. 하지만 그 마음은 분노에 가려 전달되지 않는다. 그래서 우린 언제나 고독할 수밖에 없다.

_ 배르벨 바르데츠키,《너는 나에게 상처를 줄 수 없다》중에서

감추고 싶은 자기애적 욕구를 찾아서

"다음 정차할 역은 ○○대학교, ○○대학교 정문입니다."

대학교 2학년 미선 씨는 오늘도 내려야 하는 정류장을 놓치고 허겁지겁 하차벨을 누른다. 그녀는 매일 학교로 가는 버스를 탈 때마다 같은 실수를 반복하곤 하는데 그 이유는 다름 아닌 이어폰 때문이었다. 이어폰을 귀에 꽂고 눈을 감은 채 음악을 듣는 것이 버릇인 미선 씨는 오늘은 절대 정류장을 놓치지 않으리라 결심하지만 결과는 늘 같다. 그것은 대학 입학 이후에 생긴 버릇이었다. 그 탓에 교수님들에게도 '지각생'으로 찍혀서 학기가 끝날 때마다 학점에 대한 선처를 구하러 다녀야 했다.

그녀의 어머니는 매일 똑같은 실수를 반복하는 딸이 이해가 되지 않았고, 그녀 몰래 이어폰을 숨겨놓기도 해보았지만 서로 감정만 상할 뿐 딸의 행동에는 변화가 없었다. 내가 처음 미선 씨를 상담하게 된 것은 어머니의 간곡한 부탁 때문이었다. 어머니는 딸이 대학에 입학한 이후로 급격히 말수가 줄고 학과 공부에도 전혀 흥미를 보이지 않는 등 점점 외골수가 되어가는 것을 보다 못해 내게 도움을 청하러 연구소를 찾았다.

미선 씨는 학교 수업이 있는 날을 제외하고는 집 밖에도 잘 나가지 않았다. 주말이 되면 자신의 방에 처박혀서 게임을 하거나 잠만 자는 등 히키코모리(은둔형 외톨이) 같은 모습을 보였다. 가족들과 한 식탁에서 밥을 먹는 것도 거부한 채 식구들이 밖에 나가면 그제야 밥통에서 밥을 한 주걱 떠서 그릇에 담아 김과 함께 먹는 게 그녀가 하루 동안 먹는 음식의 전부였다.

그녀가 연구소 문을 열고 들어왔을 때 나는 중학생 소녀가 길을 잘못 찾은 줄 알고 어디를 찾는지 물어볼 심산이었다. 그 정도로 미선 씨는 체격이 매우 왜소했고 깡마른 팔과 다리는 애처로워 보였다. 내 눈을 피한 채 고개를 숙이고 인사하는 미선 씨는 긴장했는지 이마에는 땀이 송골송골 맺혀 있었고 볼은 불그스레했다.

낯선 장소에서 어찌할 바 몰라 하는 그녀에게 나는 어려운 걸음을 해주어 고맙다며 인사를 건넸다. 그렇게 우리의 첫 상담은 시작되었다. 나는 미선 씨에게 상담신청서를 작성하도록 했는데, 그녀가 적은 주 호소문제(상담을 받고 싶은 결정적 이유, 즉 현재 가장 힘든 심리적 문제를 말한다.)가 한눈에 들어왔다.

열등감

그녀가 학교에 갈 때마다 버스 안에서 이어폰을 귀에 꽂은 채 음악을 듣다가 매일같이 지각하는 것도 모두 열등감 때문이라는 것이다. 열등감 때문에 이어폰을 꺼야만 했다? 나는 그 말이 쉽게 이해 가지 않아 고개를 갸우뚱했다. 열등감 때문에 도저히 이어폰을 뺄 수 없다고 말하는 미선 씨에게서 알 수 없는 슬픔이 느껴졌다.

"선생님, 저는 학교로 가는 버스 안에서 안내방송을 듣는 게 너무 괴로워요."

처음 몇 번은 안내방송이 나올 때마다 두 손으로 귀를 막아 소리를 차단해보았지만 그러한 자신의 모습이 경멸스럽게 느껴져서 언젠가부터는 최대로 소리를 높여놓고 이어폰을 꽂은 채 음악을 들었다고 한다. 그러다 보니 자꾸만 도착역을 놓치는 일이 반복되었다.

미선 씨는 어릴 적부터 유순하고 예의 바른 아이였다. 특별히 두각을 보이는 재능은 없었지만 착하고 모든 일에 책임을 다했다.

그녀는 친오빠를 비롯하여 사촌들이 모두 뛰어나게 공부를 잘하는 모범생들이라 그 속에서 늘 열등감을 느꼈다고 한다. '잘하는' 기준이 너무 높다 보니 입시에 대한 부담감은 그녀를 옥죄었다. 수능시험 당일, 미선 씨는 너무 긴장한 탓인지 시간 내에 답안을 체크하지 못했다. 한 번 실수하니 계속해서 페이스가 흐트러져서 마지막 시간에는 답안지를 밀려 쓰는 실수까지 해버렸다. 결국 그녀는 가고 싶었던 대학에 입학원서도 써보지 못하고 평소 그녀의 성적보다 낮은 등급의 대학에 입학하게 되었다.

그렇게 시작된 대학생활에서 미선 씨는 하루도 행복하지 않았다. 심지어 신입생 오리엔테이션이 있던 날에는 아프다는 핑계로 참석도 하지 않았고, 같은 과 친구들과도 어울리지 못한 채 고립된 생활을 했다. 그런 그녀에게 가장 고역이었던 일은 학교로 가는 버스 안에서 안내방송을 듣는 것이었다. 그녀가 다니는 대학교 이름이 방송에서 나올 때마다 수치심과 열등감이 솟구쳐서 마음을 통제할 수 없었다. 그녀가 꿈꾸던 이상에 전혀 미치지 못하는 현실이 죽을 만큼 싫었고 현재의 모습은 결코 자신의 진짜 모습이 아니라며 모든 현실을 부정하고자 했다. 하지만 부정하면 할수록 열등감은 그녀를 사슬로 묶어버렸고 너무나 큰 현실과 이상 사이의 갭(Gap)을 메우지 못한 채 표류했다.

많은 사람이 상담실에 와서 자신의 열등감에 관해 이야기한다.

아마도 열등감을 가지지 않은 사람은 아무도 없을 것이다. 겉으로 티를 내지 않거나, 자신을 그럴듯하게 포장하며 열등감을 감출 뿐이다. 과한 자신감은 역설적으로 극심한 열등감이기도 하다.

열등감은 이상적 자아와 현실적 자아의 괴리에서 온다. 내가 이루고 싶었던 일에 대한 성과나 갖고 싶었던 아름다움, 경제적 여유, 모든 사람이 좋아하는 성격이나 자신감을 가진 타인을 볼 때 마음에서는 불편감이 올라온다. 그들에 비해 자신이 너무나 초라하고 무능력해 보이기 때문이다. 이러한 열등감은 학교를 졸업해서 취직하고 결혼을 하고 아이를 낳고 심지어 죽을 때까지 계속된다. 이상적 자아와 현실적 자아의 갭을 줄이지 않는다면 말이다.

열등감에 관한 연구로 유명한 심리학자 아들러(Alfred Adler)는 열등감에 대해 '목표를 가지고 좀 더 잘 살아가려고 할 때 수반되는 감정'이라고 이야기했다. 사람은 열등감을 느끼기에 성공과 우월성을 추구하게 되며, 열등감이야말로 우리 삶에서 없어서는 안 될 가장 중요한 요소라고 말한다. 열등감은 대개 부정적인 의미로 해석되었는데 아들러는 이와는 다른 의미로 열등감을 재해석하였다.

아들러는 개인의 삶에서 열등감 자체가 문제가 되는 것이 아니라 열등감을 어떻게 사용하는지에 따라 모든 결과가 달라진다고 이야기했다. 열등감을 잘 활용해서 성장의 자원으로 쓴다면 자신이 원하는 모습에 가까이 다가갈 수 있다. 하지만 열등감이 역기

능적으로 사용되면 자꾸만 자신을 숨기게 되고 결국에는 자신에 대한 부적절감마저 느끼게 된다.

열등감 극복을 위해 아들러는 열등감을 없애려 들 것이 아니라 성장의 동력으로 삼고 열등감을 포용해야 한다고 이야기한다. 내가 가진 열등감을 인정하는 일은 매우 어렵다. 인간은 누구나 타인이 나를 얕보는 것을 두려워하며 자신이 가진 최상의 모습을 보여주고 싶어 하기 때문이다. 미선 씨도 가족 내에서 인정받기 위해 '공부'라는 성과를 내고 싶었지만 뜻대로 되지 않았다. 최상의 나를 꿈꾸었지만 이것이 좌절되면 우리는 자신에게 실망하고 자괴감에 빠진다.

미선 씨는 6개월째 심리상담을 받는 중이다. 가족에게 인정받기 위해 고군분투하며 애썼던 자신을 돌아보고 가족으로부터 받은 암묵적 메시지와 다른 형제들과 비교당할 때 느꼈던 감정들을 현재로 가져와서 재경험해보는 시간을 가졌다. 여러 회기의 상담을 받으면서 미선 씨는 자신의 존재가 타인의 평가에 의해 부여되는 것이 아니며 스스로 인정해주고 부족한 점까지 감싸주어야 비로소 완성된다는 것을 깨닫게 되었다.

열등감 속에는 여러 가지 욕구가 숨어 있다. 타인에게 인정받고 사랑받고 싶은 마음, 성공하고 싶은 마음, 나를 더 아끼고 소중히 다루고 싶은 마음이 그것이다. 당신이 열등감을 극복하고자 한다면 열등감 속에 숨어 있는 내면의 욕구를 알아차리고 그 마음을 인정해주어야 한다. 진정한 변화는 그때 비로소 일어난다.

뜻밖에도 약점이 우리를 돕는다.

≈ 윌리엄 제임스(심리학자, 철학자)

1. 내가 가진 열등감은 무엇인가?

2. 처음 그러한 열등감을 느꼈을 때를 떠올려보자.

3. 열등감 속에 숨어 있는 나의 욕구는 무엇일까?

4. 나의 열등감에게 하고 싶은 말을 건네보자. (대화하듯)

5장

∘

미완성인 나와 너를
사랑하는 방법

누구나 부족함이 있음을 인정하기

"그녀는 완벽하지 않아. 너도 마찬가지야. 사람들은 완벽하지 않은 걸 나쁘다고 생각해. 하지만 실제로 불완전한 건 좋은 거야. 그 불완전함이 어떤 사람을 너의 세계로 들여보낼지 결정해주거든. 완벽하지 않은 두 사람의 조합이야말로 가장 완벽한 거야."

_ 영화 〈굿윌헌팅〉에 나오는 대사 중에서

어릴 적의 나와 지금의 나를 비교해보면 달라진 것이 하나 있다. 이전에는 나와 다른 생각을 가졌거나 내가 생각하는 상식선에서 벗어나는 행동을 하는 사람을 보면 '저 사람은 도대체 왜 저러지?' 하며 의아해하거나 불쑥 화가 나곤 했다. 하지만 지금은 '그 사람이 그럴 수밖에 없는 불가피한 사정이 있겠지' 하고 유연하게 받아들인다. 상대에 대한 이해보다는 그를 있는 그대로 인정하려는 마음에 가깝다.

타인을 내 기준으로 판단하고 바로잡으려고 노력했던 시간과 투쟁은 그와 나의 관계를 악화시켰고, 나는 이내 피로감에 휩싸였다. 상대에 대한 미움은 오히려 나에게로 돌아와 나를 더 괴롭게 만들었다. 누군가를 미워하면 그로 인해 발생하는 부정적 에너지가 자신에게 되돌아온다는 말은 참으로 맞는 말이다.

나에게 '있는 그대로 인정하는 법'을 알려준 고마운 사람이 있다. 올해로 상담경력 9년 차인 나는 교육 분석(상담가가 자신의 문제를 해결하기 위해 다른 상담가에게 상담을 받는 과정)도 4년 이상 꾸준히 받았고, 상담가로서 전문성을 갖추기 위해 수련도 열심히 해왔다. 그러한 과정에서 훌륭한 교수님과 나에게 새로운 배움의 길을 열어준 지도자, 내가 가진 문제를 직시하고 성찰하도록 도와준 좋은 상담선생님도 만났다. 하지만 나를 유능한 상담가로 성장하도록 도와준 결정적인 사람은 남편이다.

남편은 심리상담이라는 분야를 공부해본 적도 없고, 인간본성이나 정신세계에 관해 관심도 없는 무덤덤한 사람이다. 일이 바쁠 때는 스트레스를 받기도 하지만, 남편은 대개 평온하고 감정의 기복이 드물다. 그와 나는 신혼 초에 가끔 싸우기도 했는데 대개 싸움의 발단은 내가 그 사람의 행동을 고치려는 시도에서였다. 남편은 내가 늦게 일어나든, 밖에서 친구를 만나든, 공부를 하든, 마음에 드는 옷을 사든 어떤 간섭도 통제도 하지 않았다. 바꾸려고 애쓰지도 않았고 내 존재를 있는 그대로 인정했다. 건강상의 문제나 위험이 있을 만한 일을 제외하고는 내 뜻을 대부분 존중해주었다.

하지만 나는 가족이고 부부라는 명목 아래 그의 행동을 좌지우지하려고 했다. 하지만 상대를 통제하려는 나의 노력은 헛수고였고 무의미한 것이었다. 타인은 내가 바꿀 수 없고, 바꾸려고 해서도 안 되기 때문이다. 타인을 내 마음에 들게 바꾸려는 시도는 원초적 불안감에서 기인한다. 내 앞에 놓인 상황이나 사람을 있는 그대로 바라보지 못하고 통제해야만 마음이 놓이기 때문이다. 불안한 것은 자신인데, 타인을 조종함으로써 자신의 불안을 잠재우려는 무의식적인 시도이다.

며느리를 자기 뜻대로 좌지우지하고 모든 일에 간섭하고자 하는 시어머니의 마음속에는 자신의 존재감이 없어지거나 혼자 남겨질지 모른다는 두려움이 있을 수 있다. 두려움을 마주할 용기는 없고 불쑥불쑥 올라오는 불안을 잠재우기 위해 내 앞의 누군가를 통제함으로써 무의식적 불안을 해결하고자 한다. 결국 자기 마음속에 도사리고 있는 불안의 근원은 본인이 찾아서 해결해야 함에도 말이다.

나는 수년간 했던 마음공부를 통해 내가 가진 불안과 두려움을 하나씩 극복했다. 그리고 사람을 바라보는 시각도 다시 쓰게 되었다. 그렇게 하는 데 결정적인 역할을 한 사람은 남편이었다. 태어나서 처음으로 내 존재가 누군가로부터 있는 그대로 받아들여지는 경험을 했다. 그것은 칭찬도, 비판도 아닌 '있는 그대로 바라봄'이었다.

잘했을 때만 칭찬을 받고(존재로서 인정을 받고) 못했을 때는 질책을 받으면 사람은 결국 잘했을 때도, 못했을 때도 똑같이 불행해진다. 잘하면 계속 잘해서 인정받아야 한다는 강박과 불안감에 시달리게 되고, 못했을 때는 자신을 책망하고 자괴감에 빠진다. 처음에는 의미 있는 타인이 내려준 평가에 좌지우지되지만, 종국에는 스스로 자신을 가치 없는 사람으로 평가하게 된다.

유독 주변의 평가에 민감하고 늘 인정받으려고 고군분투한다면 누군가로부터 있는 그대로 수용 받은 경험이 부족해서이다. 나에게 상담을 받으러 오는 내담자들은 상담실에서 두런두런 이야기를 나눈 것 말고는 별다르게 한 게 없는 것 같은데 힘들어하던 문제들(불안, 우울증상 등)에서 벗어나게 된 것을 의아해하게 생각한다. 나도 대화에 집중해서 들은 것 이외에는 딱히 한 것이 없다. 그렇다면 그들의 증상이 호전되고 마음이 치유된 비결은 무엇일까?

그것은 '있는 그대로의 수용'이다. 나는 내담자들을 윤리적 잣대나 가치판단을 두고 바라보지 않고 단 하나의 인격으로 바라보려 노력했다. 아이에게 고래고래 소리 지르고 난 뒤 상담실에 와서 울

먹이는 엄마도, 회사 상사에 대해 입에 담기도 힘든 욕을 한 시간 내내 쏟아내는 직장인도, 정신과를 5년 넘게 다니며 우울증약을 복용해온 중년 남성도, 있는 그대로 바라봐주었다. 그들에게는 충분히 그럴 만한 이유가 있었을 것이고 우리는 모두 완벽하지 않은 존재들이기 때문이다. 또한, 내게 그들을 판단할 권리는 없다. 나는 그들이 자신들의 모습을 있는 그대로 바라보도록 투명하게 비춰주는 거울일 뿐이다.

상담을 오랫동안 받은 내담자들은 상담실에서 새롭게 '양육'되어 세상으로 나간다. 그들의 부모로부터 받지 못한 있는 그대로의 수용을 상담가를 통해 경험하고 그것을 다시 주변의 타인에게 전해준다. 자신의 아이를 있는 그대로 바라보려고 하고, 주변 사람들에게 조금씩 너그러워진다. 타인의 아픔에 공감하게 되고 모든 사람은 어떤 면에서든 부족한 점이 있다는 것을 알게 되는 것이다. 그런 면에서 보면 심리상담은 존재가 새롭게 양육되는 과정이며, 인격적으로 성숙해지는 길인 것 같다.

존중과 수용이 결국 사람을 변화시킨다. 자신을 있는 그대로 인정하고, 타인을 있는 그대로 바라봐주자. 불완전함은 서로의 간격을 좁혀주고, 그 불완전함 속에서 사랑이 싹튼다. 나도, 그도 그저 빈틈 있는 사람일 뿐이다.

○●
그와 나를 자유롭게 해주는
행복한 포기

포기라는 말에는 원래 '명확하게 보다'라는 의미가 담겨 있다네.
만물의 진리를 단단히 확인하는 것. 그것이 '포기'라네.

_기시미 이치로 · 고가 후미타케,《미움 받을 용기》중에서

지난 8년간 사람들의 마음을 치료하는 심리상담가로 지내면서
깨달은 것이 하나 있다. 많은 사람이 마음이 힘든 이유는 '포기하
지 못해서'라고. 포기는 쉬운 것 같지만 가장 힘든 일이다. 포기하
지 못하는 마음에는 욕심이 들어 있다. 자신의 꿈을 이루고자 포
기하지 않는 '건강한 욕심'도 있지만 비현실적인 목표를 두고 자
신을 옥죄거나 의미 있는 타인(대개 가족 혹은 연인)을 내 뜻대로
좌지우지하려는 '병리적 욕심'이 우리를 무언가에 집착하도록 만
든다.

연인이나 배우자 혹은 자식이 내가 원하는 모습으로 바뀌었으면 하는 마음도 병리적 욕심이다. 상대의 성장과 발전을 바라는 마음은 당연한 것이지만 그를 바꾸려고 하는 마음은 다분히 내 욕심이다. 우리는 상대를 있는 그대로 인정하기보다 '그가 이렇게 해줬으면……' 하고 기대를 하거나 그의 생각이나 행동을 통제하려 한다. 현재의 모습이 내 마음에 들지 않기 때문이다. 하지만 아무리 가까운 연인이나 가족도 내가 원하는 대로 바뀌지 않는다. 그들은 내 바람대로 움직이지 않고 좀처럼 행동을 변화시키지 않는다. 어쩌면 우리는 불가능한 일에 그토록 평생을 매달리며 살고 있는지도 모른다.

청소년 자녀를 둔 부모들이 상담문의를 해올 때가 있다. 그들은 대개 아이의 학업문제, 교우관계 문제, 사회성 문제, 진로문제 등으로 나에게 자문을 구한다. 그들과 대화를 나누다 보면 나 또한 아이를 키우는 부모 입장이라 그 심정이 충분히 이해된다. 하지만 한편으로는 안타까운 마음이 들 때도 있다. 마음이 병든 부모가 너무도 많아서이다. 마음이 병든 아이 옆에는 마음이 병든 부모가 있다. 청소년기는 한창 파릇파릇하게 빛을 내며 자랄 시기인데 성취만을 강요하는 사회와 부모의 끝없는 욕심으로 맥없이 시들어 가는 아이들이 많다.

대치동 학원가로 매일같이 아이를 데려다 주는 한 중학생 엄마는 아이가 학원 다니는 것을 너무 힘들어해서 그만두려고 한다며 같은 반 친구 엄마에게 이야기했다. 그러자 그 엄마는 그녀의 손을 꼭 잡더니 이렇게 말했다. "○○ 엄마, 조금만 더 참아요. 엄마가 독하게 마음먹어야 애들이 끝까지 해낼 수 있어요. 이건 엄마 멘탈 싸움이에요."

나는 그녀의 이야기를 듣고 마치 인절미를 백 개쯤 주워 먹은 것처럼 속이 답답했다. 내가 요즘의 교육 현실에 대해 무지한 탓도 있겠지만 그 모든 노력이 결국 무엇을 위해서인지 이해가 되지 않았고 한편으로는 그들의 생각이 궁금해졌다. 아이의 성공과 출세를 바라는 부모와, 부모와 사회가 만들어준 목표를 성취하기 위해 SKY행 열차에 몸을 실은 아이들은 과연 행복할까? 성공이 보장되지는 않지만 일단 열차에 오르는 것이 안전하다고 생각되어 너도나도 할 것 없이 꾸역꾸역 같은 열차에 몸을 싣고 목적지로 향하는 것일까? 물론 그들 중에는 자신이 직접 진로와 목표를 설정해서 주도적으로 공부하는 아이들도 있을 것이다. 하지만 대개 아이들은 아직 정체성이 확립되지 않아 무엇이 옳은지, 무엇이 자신에게 맞는지 알지 못한 채 휘둘리고 있다. 부모나 사회가 알려주는 것이 정답이라고 믿고 그들이 시키는 대로 할 뿐이다.

나에게 상담을 받는 청소년들은 열심히 어딘가로 달리다가 어느 한 곳이 고장이 나서야 상담실을 방문한다. 인간은 자기다움을 잃을 때 몸이나 마음에 적신호가 온다. '이건 아니야'라는 위험 신호이다. 이때가 아마도 부모 자녀 사이에 극심한 마찰을 겪는 시기일 것이다. 부모는 다른 집 아이들은 시키는 대로 척척 잘하고 심지어 시키지 않았는데도 두세 배로 하는데 우리 집 아이만 부족하고 멍청한 것 같다며 실망감을 토로한다. 부모의 기준은 뭐든 척척 잘해내는 옆집 아이이다.

나는 마음 같아서는 아이가 아닌 그들의 부모가 상담받도록 권하고 싶다. 아이들이 '인생 부적응자'가 된 데는 부모가 지대한 역할을 했기 때문이다. 실제로 부모가 상담을 받으면 아이가 직접 상담을 받지 않는데도 저절로 좋아지는 경우가 많다. 나는 부모들을 상담하거나 교육할 때 그들의 '욕심'에 대해 다룬다. 무슨 일이 있어도 절대 포기할 수 없는 게 무엇이냐고. 그러한 욕심을 가진 배경에 대해서도 나누도록 한다. 이런 질문을 하는 이유는 부모의 결핍이 욕심을 만들고 그 욕심이 아이를 병들게 하기 때문이다.

부모의 욕심은 아이의 본성을 잃게 만든다. 아이에게는 이미 가지고 있는 소중한 자원들이 있는데 부모는 그것을 들여다보려 하지 않고 자꾸만 외부로 눈을 돌리기 바쁘다. 남이 가진 것이 더 좋아 보이고 내가 가진 것이 형편없이 보인다. 다른 아이들을 보면 우리 아이가 뒤처지는 것 같아 더 높이, 더 높이를 외치며 아이를 코너로 몰고 가는 것이 우리네 부모들의 모습이다. 힘들어하는 아이를 보며 부모는 속이 타고 안타까운 마음이 들지만 멈출 수가 없다. 사람의 욕심은 쉽게 멈추지 않는다.

마흔 가까이 살다 보니 옛 어른들로부터 들었던 말 "절대 포기하면 안 돼"가 늘 정답은 아니라는 것을 깨닫게 된다. 가끔은 포기해도 된다. 그리고 반드시 포기해야 하는 일도 있다. 포기는 실패가 아니라 선택의 한 방법이다. 나를 편히 놓아주고, 상대를 자유롭게 놓아주는 것, 그것이 포기이다. 우리는 결정적 순간에 포기함으로써 무엇이 중요한지, 무엇이 소중한지를 알게 된다. 어쩌면 포기란 '본질'로 되돌아가는 가장 지혜로운 길이 아닐까?

포기는 선택의 다른 이름이다. 무언가를 선택하면 다른 무언가를 포기해야 하기 때문이다.

1. 내가 반드시 포기해야 할 것이 있다면 무엇인가?

2. 그 이유는 무엇인가?

3. 포기함으로써 얻게 되는 이득은 무엇인가?

서로 알아가고 이해하는 연습

사랑은 고립감과 분리감을 극복하게 하면서도 그로 하여금 그
자신이게 하며 그의 본래 모습을 보유하게 한다. 사랑에 있어서
는 두 존재가 하나로 되면서 동시에 둘로 남아 있다고 하는 역설
이 성립된다.

_ 에리히 프롬, 《사랑의 기술》 중에서

세상에서 가장 어려운 것이 있다면 그것은 단연코 '사랑'이라
말하고 싶다. 우리는 사랑을 어떻게 하는지 배워본 적이 없고 타
자와 관계를 어떻게 맺는지 경험으로밖에 알 수 없기에 늘 사랑에
서툴다. 연인 간의 사랑, 부부 간의 사랑, 부모자녀 간의 사랑, 대
상과 형태는 모두 다르지만 속성은 크게 다르지 않다. 상대가 궁
금하고 마음을 나누고 싶고 내 존재를 인정받고 싶은 마음이 기본

이다.

하지만 대부분 사람은 상대가 자신의 마음을 더 알아주길 원하고 내 뜻대로 해주기를 바란다. 상대가 나를 실망시키면 온갖 안좋은 소리를 퍼붓기도 하고 자신을 피해자 위치에 놓고 억울함을 호소하기도 한다. 이 모두가 관계에 서툰 탓이다.

스파이크 존즈의 영화 〈Her〉는 관계와 사랑에 서툰 대필 작가의 삶과 로맨스를 다루었다. 이 영화에는 사랑에 유난히 서툰 한 남자가 등장한다. 그의 이름은 시어도어. 그는 늘 상대가 자기 마음을 읽어주고 공감해주길 바란다. 주체로서의 그녀(She)가 아닌 목적의 대상인 her로 그녀를 대하는 것이다.

주인공 시어도어는 고객의 편지를 대신 써주는 일을 하는데, 사람들이 잘 표현하지 못하는 감정을 그들을 대신해서 언어로 풀어내는 작업이 그것이다. 편지는 소통의 한 방법이기는 하지만 상대의 반응을 수시로 확인하며 쓰는 건 아니다 보니 독백에 가까운 형태이다. 그래서 상대가 어떤 감정을 느낄지 예상할 수도 없다. 시어도어에게 타자는 감정을 나누는 관계가 아닌 자신의 감정을 표현해야 하는 '대상'에 불과한 것이었다.

그는 어린 시절부터 함께 자라며 많은 시간을 함께 해온 아내 캐서린과 별거한 지 1년이 지났지만 여전히 이혼서류에 도장을 찍지 못하고 있다. 캐서린이 없는 일상이 무척이나 낯선 듯 그는 때때로 창밖의 야경을 바라보며 쓸쓸하고 공허한 마음을 달래곤 했다. 그러던 어느 날, 시어도어의 눈앞에 흥미로운 광고 하나가 등장한다.

"이것은 세계 최초 인공지능 운영체제입니다. 당신의 말에 귀 기울이고 당신을 이해하고 당신을 아는 직관적인 실체죠. 그의 이름은 OS1 입니다."

외로운 나날을 보내던 시어도어는 우연히 OS1을 설치하고 새로운 세계와 만나게 된다. 그의 인공지능 운영체제인 '사만다'는 전 부인 캐서린과는 다르게 자신을 웃게 해주고 온전히 자신에게 집중해주는 기계, 아니 여인이었다. 더불어 인공지능답지 않게 인간의 행동과 감정을 이해하고 학습하는 능력까지 갖추고 있다. 사만다는 사랑을 하나씩 배워나가며 주인공과 깊은 사랑을 나누고, 인간보다 더 인간적인 모습을 보이기도 한다.

"나는 살면서 온갖 감정을 다 느껴봐서 더 이상 나에게 남은 감정이 없어."

시어도어가 인공지능 사만다에게 했던 말이다. 관계에 치이고 감정이 다치면서 우리는 자신을 보호하기 위해 감정을 마비시키기도 한다. 일종의 무감정 상태이다. 언젠가부터 우리는 서로의 눈을 바라보며 대화를 나누기보다 톡으로, 혹은 SNS로 소통하는 것을 더 편하게 느끼게 되어버렸다. 영화 속 시어도어가 느끼는 무감정의 상태가 마치 이 시대를 사는 우리들의 모습 같아 마음이 저릿해졌다.

이 영화는 얼핏 보기에는 인공지능 운영체제와 인간 사이의 로맨스처럼 보이지만 실제로는 시어도어와 사만다가 관계에 대해 배우고 성장해나가는 과정을 그리고 있다. 사만다는 인공지능 운영체제임에도 끊임없이 인간의 마음에 대해 배워나가고 감정을 터득함으로써 시어도어에게 일방적으로 귀속되는 것이 아니라 스스로 존재감을 찾게 된다.

사만다가 감정을 학습함으로써 시어도어는 다시 새로운 인격체와 관계의 어려움을 겪는다. 그리고 자각한다. 이제껏 상대가 자신에게 늘 맞춰주기를 바라고 있었고, 소유물로 여기고 있었다는 것을. 사랑은 소유가 아니라 서로 조율하고 맞춰나가는 것임을 비로소 깨닫게 된다.

연애를 시작하면 처음에는 서로가 없으면 안 될 것처럼 딱 붙어 있다가 어느 정도 시간이 지나 감정이 무르익고 나면 자연스레 원래 있던 위치로 돌아오게 마련이다. 자아가 건강한 사람은 '따로 또 같이'가 자유자재로 이루어지지만, 그렇지 못한 사람은 사랑하는 대상에게 집착하거나 분리불안을 느끼게 된다.

우리가 사랑할 때 흔히 하는 실수 중 하나는 자신의 결핍을 타인을 통해 채우려 하는 것이다. 이것은 무의식적으로 일어나는 일이라 자신도 알아차리기 힘들다. 정서적 결핍을 채우기 위한 사랑은 결코 오래가지 못한다. 마음속에 뚫린 구멍들을 하나씩 막고 치유해야만 건강한 사랑을 할 수 있다.

사랑은 때로는 아프지만 우리는 끊임없이 누군가에게 끌리고 누군가를 사랑한다. 호감을 느끼는 대상과 교감하길 원하고 때로는 그 안에서 위로받기도 하며 사랑하는 사람을 통해 내 모습을 확인하기도 한다. 그런 의미에서 사랑은 완성이 아닌 과정이다. 내가 가진 결핍이 무엇인지 돌아보고, 내가 원하는 것이 무엇인지, 나는 어떤 사람인지를 알아가는 과정 말이다.

나도, 그도 관계와 사랑를 배워가는 미완성인 존재들이다. 상대나 자신에게 완벽한 잣대를 들이밀기보다는 서로 알아가고 이해하는 연습을 하는 것, 그 과정을 통해 행복감을 경험하는 것이 우리가 사랑을 하는 궁극적인 이유가 아닐까?

미움을 연민으로 승화하기

사소하게 싫은 몇 개가 마치 장롱 뒤의 먼지처럼 조금씩 조금씩 쌓여가고 커다란 먼지 뭉치가 된다. 그렇게 청소기로 빨아들일 수 없을 정도로 미움이 커진다.

_ 마스다 미리, 《아무래도 싫은 사람》 중에서

이전의 나를 돌이켜보면 누군가를 참 잘 미워했다. 나와 성격이 잘 맞지 않거나 생각이 다르면 왠지 모를 불편함이 올라왔고, 상대를 적대시하는 마음이 생겼다. 가급적 그 사람과 함께 있는 자리를 피하거나 필요한 대화 이외에는 하지 않으려 했다. 하지만 상대에 대한 적대감과 미움이 커질수록 그 미움은 나를 향해 돌아왔다. 미워하는 마음을 가질수록 괴로웠고, 마음은 불편했다. 그때 나는 깨달았다.

'누군가를 미워하는 것은 결국 자신을 더욱 괴롭게 만드는 일이구나.'

그러한 깨달음을 얻고 난 이후로 나는 누군가를 미워하거나 상대에 대한 안 좋은 이야기를 잘 하지 않는다. 물론 미워하는 감정을 아예 느끼지 않는 것은 아니다. 여전히 나를 불편하게 하는 감정들은 올라온다. 하지만 이전과 다른 점이 있다면 상대의 말이나 행동만 보고 판단하지 않고 그 속에 담긴 마음을 읽으려 노력한다는 것이다. 그가 그렇게밖에 말할 수 없는, 행동할 수밖에 없는 사정이 있을 것이라 여긴다.

많은 사람이 상담에 와서 자주 하는 말이 있다. "선생님, 그 사람이 도대체 왜 그러는지 이해가 안 돼요." 나는 그들에게 되묻는다. "그를 이해하기 위해 당신은 어떤 노력을 해보았나요?" 그들의 말에 태클을 걸기 위해 이런 질문을 하는 것은 아니다. 다만 진정 상대를 이해하고 싶은 마음이 있는지, 그렇다면 그를 이해하고자 노력해보았는지 스스로 생각해보게 하기 위해서다.

특히 부부 상담을 할 때 이런 모습을 많이 볼 수 있다. 가정에 소홀한 남편에게 서운하고 화가 나는 아내, 그리고 자신을 배려해주지 않고 잔소리만 하는 아내에게 섭섭한 남편. 그들의 이야기를 가만히 듣고 있노라면 결코 둘의 싸움이 끝나지 않을 것 같은 생각이 든다. 둘은 상담가인 내 앞에서 각자의 말이 옳음을 주장하며 나에게 '동의'를 구하는 눈빛을 보낸다. 전문가가 이 상황을 판결해주는 '심판자'가 되어 둘 중 누군가가 틀렸다고 말해주어야 싸움이 끝이 나기 때문이다. 그리고 싸움의 패배자는 반드시 상대여야만 한다.

둘의 싸움에 심판자로 나서는 듯한 상황이 불편해서 나는 커플 상담을 할 때는 둘을 따로 만나서 1:1로 상담을 한다. 아내 입장에서 이야기를 들어보고, 다음 시간에는 남편과 대화를 나눠본다. 둘의 이야기를 듣다 보면 어느 누구도 틀린 것이 없고 그들의 입장이 모두 이해가 된다. 아내는 육아로 힘들고 지친 마음을 위로해주지 않는 남편에게 서운해서 화가 났고, 남편은 밖에서 상사의 눈치를 보고 비위 맞추느라 피곤해서 집에서는 온전히 쉬고 싶은데 주말이면 나들이를 가자는 아내에게 서운하고 짜증이 난 것이다.

누가 더 힘들고 피곤한지 가리는 것은 중요하지 않다. 상대에게 "당신도 힘들었겠다"며 인정해주는 일이 서로의 잘잘못을 따지는 것보다 중요하다. 상대가 먼저 나의 노고를 알아주고 말해주면 더없이 좋겠지만, 우리 대부분은 이런 표현을 하는 데 익숙지 않고 겸연쩍어 피하고는 한다. 하지만 이러한 작은 노력을 피하다 보면 서로 간에 감정의 골은 더욱 깊어지고 미움만 커진다.

상대의 상황과 그 마음을 한 번이라도 인정해주면 되는데 우리는 이것에 너무나 서툴다. "나는 원래 그런 걸 못하는 사람이니까 기대하지 마"라며 오로지 상대가 자신에게 맞춰주기를 기대하는 것은 자기중심적인 생각이다. 못하면 배우고 하나씩 시도해보아야 한다. 또한, 상대가 전혀 노력하지 않는데 왜 자신만 해야 하느냐고 불평하는 것은 갈등 해결에 아무런 도움이 되지 않는다. 상대를 인정하고 싶은 마음이 전혀 들지 않는다면 내 감정이 다치지 않는 방향을 선택해도 좋다.

누군가를 미워하면 그 감정이 부메랑처럼 돌아와 나를 괴롭히게 마련이다. 마음의 평화를 얻고 싶다면 상대에 대한 미움을 연민의 감정으로 변화시키기 위해 노력해야 한다. 상대가 가진 오만함과 자기중심성, 공격성 등은 그 사람이 살아오면서 자신을 지키기 위해 발달시켜온 그만의 생존방식일 것이다. 그것이 인간관계를 그르치는 것임을 그도 이미 알고 있다. 다만 오랫동안 그렇게 살아왔기에 하루아침에 바꾸는 것이 힘들 뿐이다. 당신이 해야 할 일은 그럼에도 그와 함께 삶을 살아갈지, 혹은 내 삶을 더 이상 파괴하지 않도록 그를 놓아줄 것인지를 선택하는 것이다.

1. 당신을 힘들게 하거나 미운 대상이 있다면 그(그녀)의 이름을 적어보자.

2. 그(그녀)와의 관계에서 바꿀 수 있는 것과 바꿀 수 없는 것을 적어보자.

바꿀 수 있는 것	바꿀 수 없는 것

3. 그를 미워함으로써 얻는 것과 잃는 것을 적어보자.

얻는 것	잃는 것

알고 보면 충분히 빛나는 오늘

"현재는 약간 아쉬운 법이에요. 늘 불만스럽죠. 하지만 우리가 여기에 머무르면 지금이 현재가 되고 그럼 또 다른 과거를 동경하게 될 거예요. 과거에 사는 것만으로 해결되는 건 아무것도 없어요."

_ 영화 〈미드나잇 인 파리〉에 나오는 대사 중에서

비가 오는 파리의 거리, 우산도 없이 걸어 다니는 한 남자가 있다. 비는 그칠 줄을 모르고 밤은 깊어가지만 그는 어디론가 정처 없이 향한다. 영화 〈미드나잇 인 파리〉는 향수에 젖어 현실 속에서 방황하는 한 젊은 남자의 시간여행을 다루고 있다.

상업 작가로 성공을 거둔 미국 출신 소설가 길 펜더는 언젠가는 자신이 진정 원하는 낭만적인 예술작품을 탄생시킬 것이라 다짐한다. 그가 현재 쓰고 있는 글은 '과거를 파는 가게'라는 주제를 담은 소설인데, 작가로서 예술의 전성시대를 그리워하는 그의 마음이 투영된 듯하다. 21세기는 먹고 마시고 다양한 문화를 즐기기에 부족함이 없지만 그가 꿈꾸는 '낭만'은 이곳에 존재하지 않는다.

그러던 어느 날, 길은 약혼녀 이네즈와 그녀의 부모님의 파리 출장에 동행하게 되고 그가 원하던 이상적인 세계와 만나게 된다. 파리의 예술적 정취에 흠뻑 빠진 길과는 달리 현실적이고 물질주의적인 이네즈는 쇼핑에 열을 올리고 그들은 서로의 다름으로 인해 갈등을 겪는다. 이네즈가 친구들과 춤을 추고 와인파티를 즐기는 동안 길은 파리의 거리를 혼자 걷기로 한다. 무작정 걷다 보니 숙소로 돌아가는 길을 잃었고 그는 시계탑이 있는 건물 계단에 잠시 앉아 아무도 지나다니지 않는 거리를 바라본다. 어디선가 자정을 알리는 종소리가 울리고 마치 골동품을 연상케 하는 오랜 연식의 푸조 자동차가 길 앞에 선다. 그는 이상한 끌림을 느끼며 차 위에 올라탄다. 그가 오랫동안 동경하던 파리의 전성시대로의 시간여행이 시작된 것이다.

길은 그곳에서 《위대한 개츠비》를 쓴 소설가 스콧 피츠제럴드를 포함하여 20세기 미국 문학의 전설인 어니스트 헤밍웨이, 입체파 화가 피카소, 작곡가 콜 포터, 초현실주의 화가 달리 등 당대를 주름잡던 위대한 예술가들과 만나게 된다. 그는 눈앞에 펼쳐진 현실이 믿을 수 없는 듯 어안이 벙벙해지고 1920년대야말로 그가 원했던 진정한 '황금시대(Golden Age)'라며 그 속에 평생 머무르기를 갈망한다.

주인공 길은 그렇게 현실과 이상을 왕래하며 자신을 찾아가는 여정을 하게 되는데, 그 과정에서 운명적인 상대와 사랑에 빠지고 이내 이별을 겪는다. 그리고 과거로의 여행을 통해 그가 그토록 동경했던 시대가 자신의 삶에서는 '골든 에이지'가 아닐 수 있음을 깨닫는다. 시간여행에서 만난 운명의 여성은 길에게 있어 환상 속의 페르소나였던 것이다.

감독은 영화를 통해 주인공의 황금시대가 과거가 아닌 지금, 즉 '현재'라는 것을 보여주고 싶었던 것 같다. 영화는 그가 겪는 사랑을 통해 주인공이 가진 여러 모습을 보여준다. 그 끝에 길이 찾은 것은 과거를 그리워하고 동경하는 자신이 아닌, 지금 여기에서 일어나는 사랑과 행복을 느끼는 자신이었다.

현실을 사는 우리들 또한 영화 속 주인공 길의 모습과 크게 다르지 않다. 그와 같이 이미 지나간 시대를 동경하며 지금의 현실에 불평하는 사람도 있고, 자신의 인생에서 소위 '잘나갔던' 전성기를 그리워하며 현실을 부정하는 사람도 있다. 나의 가까운 지인 중 하나는 결혼하기 전에 찍은 본인의 사진들, 예를 들면 유럽 배낭여행을 갔을 때의 사진이나 멋진 스튜디오에서 찍은 웨딩사진들을 가끔 자신의 블로그에 올리고 그때를 추억한다. 그녀는 두

아들을 키우는 평범한 주부이다. 주말에 놀이공원에 가도, 경치가 좋은 곳을 방문해도 그녀는 아이들 사진만 찍을 뿐 정작 자신의 모습은 찍지 않는다. 엄마가 되고부터는 거울을 보는 것도, 사진을 찍는 것도 하고 싶지 않은 일이 되었기 때문이다.

나에게 상담을 받는 사람 중에는 자신의 과거 모습과 현실의 모습 사이에서 느껴지는 괴리감 때문에 힘들어하는 사람이 많다. 남들이 인정할 만한 대학을 나오고 부족함 없이 자랐는데 사회에 나오니 그저 사람들이 함부로 대하거나 이용하는 '노동자'일 뿐이라고 말한다. 그들은 오늘도 고민에 빠진다.

"내가 이렇게 살려고 공부하고 대학 나온 게 아닌데……."

과거를 회상하고 추억하는 것은 좋지만 그때에 머무른 나머지 현실을 받아들이지 않는 것은 자신에게 아무런 도움이 되지 않는다. 과거에 근사하고 멋있었던 내가 있었다면 지금은 시간의 흐름 속에서 성장하고 변화된 내가 있다. 지나간 날에만 집착한다면 현재도, 미래에도 못나고 무기력한 나로 머무를 수밖에 없다.

내 주변을 돌아보자. 내가 어딘가에 속해서 일을 하고, 돈을 벌고, 때로는 혼자서 차를 마실 여유를 가끔이라도 누리는 것, 혹은 세상 어떤 것과도 바꿀 수 없는 소중한 아이가 내 옆에 있다는 것,

작지만 따뜻한 보금자리가 있다는 것은 당연한 일이 아니라 감사해야 할 일이다. 대단한 성과를 이루어내고 남들이 인정할 만한 위치에 있는 것이 행복이 아니라 내가 현재 누리고 있는 소소한 기쁨에 감사하는 것이 행복이다.

자신의 삶은 불행뿐이라며 불평하는 이들은 어쩌면 자신이 가진 것에 만족하지 않아서인지 모른다. 남들과 비교하고 끝없이 욕심을 부릴 때 우리는 더 가져도 덜 행복해진다. 인생에서의 황금시대는 바로 지금 여기(Here and Now)에 있다.

1. 오늘 내가 감사한 일 다섯 가지를 적어보자.

1	
2	
3	
4	
5	

2. 오늘 내가 할 수 있는 즐거운 일 한 가지를 적어보자.

6장

나와 나 사이의
거리 좁히기

"까톡!"

"까톡!"

오전 상담을 마치고 휴대폰을 켠 순간 나를 찾는 사람들의 메시지 알림이 요란하게 울린다. 바로 다음 상담을 준비하기 위해 대충 확인만 하고 휴대폰을 덮어놓으려는 찰나, 의미심장한 메시지 하나가 나를 붙잡는다. 20년 지기 친구가 보낸 톡이다.

"소원아, 나 그 사람이랑 어떻게 해야 하지? 사랑하는데 너무 괴로워. 목이 조여오는 것 같이 힘들어. 이건 사랑이 아닌 거지? 집착일까?"

그녀는 새로운 누군가를 만나 사랑을 하고 있었다. 함께 있을 때는 누구보다도 행복하지만 그와 헤어지고 난 후 밀려오는 외로움과 고독이 그녀를 고통스럽게 했다. 그녀는 상대를 존중해주고 싶은 마음에 적당한 거리를 유지하며 사랑을 표현했지만, 정작 속마음은 타들어 가고 있었다. 그녀는 그로부터 자신이 원하는 사랑을 받기를 원했고, 그는 그녀의 마음을 모른 채 그의 방식대로 그녀를 대했다. 사랑을 시작하는 것보다 유지하는 일이 무엇보다 힘들었던 그녀는 이번에도 자신과 싸우며 힘겹게 사랑을 하고 있었다. 그녀를 가장 힘들게 하는 것은 상대의 태도가 아니었다. 그것은 다름 아닌 자신의 감정을 통제할 수 없는 데서 오는 무력감이었다.

감정은 그토록 강렬하며 조절하고 통제하기 쉽지 않은 것이다. 사람의 마음을 다루는 일을 하는 나도 감정 조절에 실패하는 경우가 허다하다. 감정은 무의식적으로 올라오며, 우리가 흔히 생각하는 부정적인 감정들(불안, 우울, 두려움, 분노 등)은 특히 통제하면 할수록 더 크게 마음을 지배해버리기 때문이다. 흔히 사람들은 이러한 감정이 마음속에 올라오면 그것을 있는 그대로 인식하기 전에 회피하거나 억압한다. 자아가 위협받는 상황에서 감정적 상처로부터 자신을 보호하기 위한 무의식적 방어기제(Defense Mechanism)가 발동하기 때문이다.

사랑하는 사람과의 관계에서 불안한 마음이 생기면 그 감정을 마주 대할 자신이 없으므로 신경을 다른 데로 돌려 회피하려 한다. 하지만 그런 노력에도 감정은 금세 마음속을 침입해서 나를 괴롭힌다. 그럼에도 우리는 늘 감정에서 도망칠 궁리만 한다.

무엇이 그리 두려워서 감정으로부터 도망치려고 하는 것일까? 두려운 감정을 만나면 도망을 가야 한다고 우리도 모르게 학습이 된 것일까?

나는 상담이 없는 날에는 가끔 시를 쓰곤 하는데(그것이 시인지 끼적인 글인지 정체를 알 수 없지만 나는 '시'라고 말하고 싶다.) 내가 쓴 시 중에 '감정에는 윤리가 없다'라는 시가 있다. 감정에 윤리의 잣대를 대는 것은 무의미하고, 감정 자신의 마음이므로 우리는 어찌할 도리가 없다는, 감정은 내가 아니며 단지 무의식의 장난이라는 시이다. 감정에는 옳고 그름이 없다. 누군가를 사랑하는 마음도, 미워하는 마음도, 무언가를 두려워하는 마음도 그저 내 마음속에 흘러가는 물결일 뿐, 나쁘거나 터부시해야 하는 것이 아니다.

하지만 많은 사람이 자신의 감정에 윤리적 잣대를 대곤 한다. '이런 감정은 옳은 거야', '이런 감정은 옳지 않은 거야'라고. 자신의 감정에만 그 잣대를 대는 것이 아니라 가족, 친구, 연인 심지어 자신의 아이에게까지 감정의 옳고 그름을 판단하려 한다.

우리는 아주 어렸을 때부터 불안이나 두려움, 미움의 감정을

'느끼면 안 되는 것'으로 인식하며 자라온 것 같다. 물론 자신의 감정을 있는 그대로 인식하고 수용하도록 바라봐준 가까운 대상이 있었던 사람이라면 감정에 솔직하게 대처할 수 있는 힘을 가졌으리라.

정신과 의사이자 작가인 김병수 씨는 그의 저서《감정의 온도》에서 '감정이란 우리 마음의 온도계'라고 표현하며 늘 오르락내리락할 수 있는 것이라고 이야기했다. 하지만 그러한 감정의 온도를 측정할 수 있는 온도계는 실제로 없고, 우리 스스로 감정을 느끼는 힘을 키우지 않으면 인식조차 하지 못한 채 자신의 감정을 가두게 된다. '느끼는 힘'을 키워야 감정의 모습에 대해 알게 되고, 그러한 감정에 솔직하게 대처할 때 우리의 삶은 더욱 풍성해진다.

9년 동안 사람의 마음에 관해 공부하고 있는 나도 그의 말에 동의한다. 나에게 상담을 받는 내담자들도 우울이나 불안, 분노조절 어려움 등의 문제로 상담실을 찾아오는데, 그들이 자신들의 감정을 언어로 표현하는 것을 매우 어려워하며 감정을 인식하기도 전에 회피하려 한다는 것을 느꼈다. 감정 때문에 힘들어하는 내담자를 만날 때 내가 가장 먼저 하는 말이 있다.

"감정에는 옳고 그름이 없어요. 당신이 그런 감정을 느낄 만하니까 느끼는 거예요."

그들의 마음속에는 '이런 감정은 나쁜 거야'라는 인식이 자리 잡고 있는데, 나는 '감정의 타당화'(그런 감정을 느낄 만하다고 인정해줌)를 통해 그들을 안심시킨다. 내가 느끼는 감정에 대해 누군가가 "그런 감정도 느낄 수 있어, 괜찮아"라고 얘기해주는 것만으로도 나를 괴롭히던 감정들이 하나씩 녹아 없어지는 경험을 하게 된다. 밀쳐내려고 하면 자꾸만 내 몸에 달라붙고, 있는 그대로 인정하면 서서히 물러가는 것이 감정이다. 그러고 보면 감정에도 생명이 있는 듯하다.

당신이 지금 특정 감정 때문에 마음이 힘들다면, 가장 먼저 해야 할 일은 어떠한 판단 없이 그 감정을 관찰하는 것이다. 내가 느끼는 감정이 어떤 것인지 유심히 봐야 한다. 감정을 언어로 표현하는 것이 어렵다면 그것을 종이에 그려보거나 몸에서 느껴지는 감각을 이야기해도 좋다. 중요한 것은 당신이 그러한 감정을 느끼고 있고, 그 감정이 피해야 하는 적이 아닌 오히려 친해져야 하는 존재임을 인정하는 것이다.

감정은 결코 당신을 잡아먹지 않는다. 오히려 따뜻하게 바라봐줄 때 감정은 조금씩 내 마음속을 빠져나가게 된다. 내 감정을 있는 그대로 바라보며 인사를 건네보자.

"안녕, 나의 모든 감정."

심리상담이 필요하지 않은
인생은 없다

    사람들은 가끔 내게 말한다. "사람의 마음에 관해 연구하고 상담하는 일을 하시니 살면서 쉽게 방황하거나 흔들리지 않겠어요." 그럴 때마다 나는 "물론 흔들림이 적은 건 사실이지만 그럼에도 늘 갈등하고 방황하게 되는 것 같아요. 삶은 방황의 연속이니까요"라고 덤덤히 이야기하곤 한다.

    상담가라는 직업 특성상 사람의 마음이나 삶에 대해 다른 이들보다 깊이 연구하는 것은 사실이다. 하지만 현실에서 이런저런 방황을 하는 것은 그들과 다르지 않다. 앞으로 5년 후에 나는 어디에서 무엇을 하고 있을까? 대출금은 언제쯤 다 갚을 수 있을까? 이대로 가는 것이 맞는 걸까 고민하는, 평범한 보통사람일 뿐이다. 그럼에도 살면서 가장 슬픈 때는 최선을 다해 사는데도 눈앞의 미래는 여전히 불투명해 보이고 어느 누구도 내가 가야 할 길을 알려주지 않을 때이다. 부모님이나 선배, 가까운 친구들에게 고민을 얘기해도 그들은 그들이 경험한 삶이 전부이기 때문에 내 입장에서 나를 이해해주기란 쉽지 않다. 그들도, 나도 나에 대해 정확히 모른다. 인생의 결정적 순간에 주사위를 던져야 하는 것은 결국 '나'이다.

몇 년 전 우연히 듣게 된 가수 이소라의 7집 Track 9 가사에는 스스로 선택하지 않고 오로지 세상으로부터 부여받은 '나'라는 존재에 대한 방황과 고독이 담겨 있었다.

나는 알지도 못한 채 태어나 날 만났고
내가 짓지도 않은 이 이름으로 불렸네.
걷고 말하고 배우고 난 후로 난 좀 변했고
나대로 가고 멈추고 풀었네.

세상은 어떻게든 나를 화나게 하고
당연한 고독 속에서 살게 해.

내 선택이 아닌 누군가의 선택으로 '나'라는 존재가 탄생했고, 내 의사와 관계없이 어떤 이름과 환경을 부여받은 것은 어찌 보면 억울하기도 하고 막막한 일이기도 하다. 내가 누군지 어떤 사람인지 알고 세상에 던져졌다면 앞으로 가야 할 길이 훨씬 수월하고 덜 힘들 텐데 말이다. 인간은 좋든 싫든 '세상에 던져진 존재'라고 역설한 실존주의 철학자 하이데거의 말처럼 우리는 어떤 선택도 없이 그저 던져진 존재이며 스스로 길을 찾아야 하는 운명이다.

변화의 시대에 자신의 정체성을 고민하는 사람이 많아서인지 여러 대중매체에서 인문학 열풍이 불고 있다. 강연하는 이들 중에는 철학자나 심리학자도 있고, 정신과 의사나 종교학자도 있다. 강연의 내용이나 콘셉트는 각양각색이지만 그들이 전하고자 하는 메시지에는 공통점이 있다.

자신을 제대로 알라는 것.

20대에 그 말을 들었다면 도대체 자신을 어떻게 알아가야 하고 자신을 제대로 아는 것이 왜 그렇게 중요한지 의문을 품으며 그들의 이야기를 들었을 것 같다. 하지만 상담을 오랫동안 하다 보니 자신을 제대로 이해하는 일이 왜 중요하고 삶에서 왜 꼭 해야 하는 일인지 알게 되었다.

자신을 알면 '나'에 대한 큰 그림을 그릴 수 있다. 내 삶에서 중요한 가치가 무엇인지 알게 되고, 그러한 가치를 기반으로 진로를 설정할 수 있다. 내가 원하는 삶이 분명하기에 남들의 기준에 맞춰 직업을 선택하지 않게 된다. 또한, 내가 잘하는 것과 못하는 것을 객관적으로 이해함으로써 기능적으로 자신을 활용할 수 있다. 어느 곳에서 살지, 어떤 사람들 속에 있을지를 직감적으로 알게 된다. 무엇보다 내가 나를 알면 나를 기쁘게 할 수 있다. 우리에게는 각자가 느끼는 주관적 행복감이 있다. 어떤 이는 액티비티한 스포츠를 즐길 때 행복하고, 또 어떤 이는 조용한 카페에서 글을 쓸 때 행복감을 느낀다. 자신을 잘 아는 사람은 행복감도 자주 느끼게 되는 것이다.

많은 사람이 심리상담은 심리적으로 문제가 있는 사람들이 전문가와 대화를 나눔으로써 마음을 치료하고 심리적으로 편안해지는 것이라고 생각한다. 당연히 맞는 얘기다. 하지만 심리상담을 통해 얻는 효과는 그것에만 국한되지 않는다. 일 년 동안 개인상담을 진행하고 지난주에 마지막 상담을 마친 한 30대 여성 내담자는 나에게 이렇게 문자를 보내왔다.

"선생님, 제가 힘을 빼고 저답게, 솔직하게 살도록 도와주셔서 감사드려요. 이제 비로소 제가 누구인지 알게 되었어요. 그리고 지금 저는 이런 제 자신이 참 좋아요."

상담을 하며 가장 뿌듯하고 보람된 순간이 있는데 상담이 종결

되고 나서 내담자로부터 이러한 반가운 문자를 받을 때이다. 내면에 뿌리 깊이 박혀 있는 문제들을 모두 해결할 수는 없지만 최소한 우리는 상담을 통해 잊고 있었던 나에 대해 알아가게 된다. 그리고 진정한 내 모습을 숨길 필요 없고 타인과 비교할 것도 아니라는 것을 알게 된다. 더불어 남들에게 보여주기 위해 '~한 척' 하는 것이 아닌, 있는 그대로의 나로 존재하는 느낌을 갖게 된다.

방황하지 않는 삶은 없다. 이 책을 쓰고 있는 나 또한 독자들이 내 글을 어떻게 받아들일지, 어떤 내용을 담아야 독자들이 흠뻑 공감할 수 있을지 밤새 자판을 두드려가며 고민하며 방황한다. 우리가 살고 있는 오늘은 어느 누구나에게나 처음이다. 서른을 맞는 것도 처음이고 사회생활도 처음이고, 평생을 함께할 배우자를 맞는 것도 처음이다. 그렇기에 인생은 늘 물음표다. 가는 길마다 물음표인 인생에서 조금 덜 방황하는 방법은 자신을 알아가는 것이다. 내 시력을 정확히 알면 그에 맞는 안경을 끼고 선명한 시야로 자신 있게 나아갈 수 있는 것처럼, 불안정한 세상에 무작정 던져진 우리에게 진정 필요한 것은 나를 들여다보는 용기와 이해하려는 마음이다.

위대한 멈춤에 대하여

세계에서 행복지수가 가장 높은 나라로 유명한 스웨덴에는 '피카(Fika)'라는 오래된 풍습이 있다. 하루에 몇 차례 시간을 내서 친구 및 동료, 연인, 가족과 커피와 함께 달콤한 계피 빵이나 페스추리를 먹으며 담소를 나누거나 쉬는 일이 그것이다. 얼핏 보면 여느 나라 사람들이 하는 티타임(Tea Time)이 아니냐고 할 수 있지만 스웨덴 사람들이 갖는 피카는 단순히 디저트나 차를 마시는 시간이 아니다.

피카(Fika)의 어원은 멈춤(Fikapaus) 혹은 휴식(Fikarast)이다. 일을 하거나 공부를 하다가 짬이 나서 숨을 돌리는 것이 아닌 '의도적인 멈춤' 혹은 '자신을 돌아보는 행위'에 더 가깝다. 그들에게 피카는 숨을 고르고 삶의 균형을 잡으려는 '의식'인 셈이다.

처음 피카에 대해 들었을 때 스웨덴 사람들의 삶에 대한 태도에 놀라지 않을 수 없었다. 쉬거나 멈추는 것을 다소 죄악시하는(?) 우리나라의 문화와는 너무나 큰 차이를 보였기 때문이다. 아직 우리나라의 기업문화는 직원들의 휴식에 그다지 관대하지 않은 편이다. 한 시간으로 정해져 있는 점심시간조차도 어떤 때는 잘 지켜지지 않고 허겁지겁 밥을 입에 쓸어 넣고 바쁘게 일하는 회사원들도 많다. 야근은 기본이다.

하지만 일이든 공부든 우리가 집중할 수 있는 시간에는 한계가 있고, 적당한 쉼 이후에야 우리 뇌는 새로운 정보들을 효율적으로 받아들일 수 있다. 일을 능률적으로 하기 위해서는 반드시 휴식이 필요하다.

그러나 스웨덴 사람들이 피카를 하는 이유는 일에 능률을 부여하고자 하는 것만은 아니다. 그들은 일하기 위해 살지 않고 살기 위해 일을 한다. 일은 그들의 삶에 일부일 뿐 거기에만 몰두하지 않는다는 말이다. 그들은 '균형(Balance)'을 삶의 중요한 가치로 두고 살아간다. 일과 가정의 조화, 공부와 쉼의 조화, 공동체와 개인의 조화, 이상과 현실의 조화.

살다 보면 우리의 삶은 어느 한쪽으로 치우치게 마련이다. 일에 몰두하면 가정에 소홀하게 되고, 공부에 몰두하면 쉼을 잃어버린 채 번아웃(Burnout)에 시달리기도 한다. 연애에만 몰두하면 개인적인 시간을 가질 수 없고, 개인적인 삶만 추구하다 보면 사람들 속에서 더불어 살아가는 소중함을 잊어버리기도 한다.

인체는 신비하게도 이러한 균형이 흐트러지면 불편함을 '증상'으로 표출한다. 두통이 잦아지고 속이 더부룩하거나 가슴이 답답해지는 등 신체증상으로 나타나기도 하며 우울하거나 불안하거나 초조해지는 등 심리증상으로 드러나기도 한다. 삶 속에서 적절히 균형을 맞추지 못했기 때문에 일어나는 현상이다.

나도 20대에 회사를 다닐 적에는 고질적인 위경련 때문에 일을 하다말고 약국으로 뛰어가기 일쑤였다. 한번은 근무 중에 갑자기 위가 쪼그라드는 느낌이 강하게 밀려와서 몸을 지탱할 힘도 없이 바닥에 쓰러진 적도 있다. 주 6일 근무에 60시간 이상 일을 했으니 몸에 탈이 나지 않을 수 없었으리라. 그때는 다들 열심히 일하니 나도 그렇게 해야만 하는 줄 알았고 적절히 쉬는 것이 삶에서 중요한 일인지도 몰랐다. 그러다 보니 체력은 떨어지고 어느 샌가 웃음도 사라졌다. 무미건조한 삶을 살며 '다들 똑같이 살아가는걸' 하며 자신을 위로하고 합리화했다.

하지만 10년이 지난 후 내 삶에는 큰 변화가 생겼다. 일상을 잠시 멈추고 숨을 고르는 법을 깨닫게 된 것이다. 상담 일정도 절대 빡빡하게 잡지 않는다. 그리고 상담이 끝나면 편안한 소파에 기대어 따뜻한 차를 마시며 상담자의 옷을 벗고 '나'로 돌아오는 시간을 가진다. 일주일 중 하루는 일에서 잠시 떠나 친구를 만나

공원을 산책하기도 하고 미술관 나들이를 하기도 한다. 스웨덴 사람들이 하는 피카와는 다르겠지만 내 식대로 중심을 잡고 하루의 흐름 혹은 일주일의 흐름을 조절하기 위해 노력한다.

삶의 중반부를 향해 가며 깨달은 한 가지가 있다면 삶에서 조화를 이루는 것이 정말 중요하고 죽을 때까지 우리가 해야 할 과업이라는 것이다. 대부분의 심리적인 문제와 갈등은 균형이 깨지는 데서 오기 때문이다. 분석심리학자 카를 융(Carl Jung)이 이야기한 '양극의 조화' 또한 이것과 크게 다르지 않다.

융은 양극의 조화를 인식할 수 있다는 것 자체만으로도 심리적으로 성숙해지는 과정이라고 이야기했다. 그리고 모든 대극은 밀접한 관계를 가지며, 한 극의 명제는 그와 상응하는 반대 극의 명제 없이는 생각할 수 없다고 말한다. 쉽게 말하자면, 모든 것은 동전의 양면과 같아 우리가 보는 한쪽 이면에는 반드시 반대 극이 존재한다는 것이다. 빛이 있으면 그림자가 있는 것처럼. 하지만 그 둘은 아이러니하게도 늘 붙어 다닌다. 하나만 떼어놓고서는 존재할 수 없다.

한쪽이 있어야 다른 한쪽도 존재한다. 죽음을 이해하지 않고서는 삶을 이해할 수 없고, 쉬지 않고서는 일을 하지 못하는 것과 같다. 이성적으로 생각하는 것이 매번 옳은 것이 아니라 감정을 충분히 어루만져 주어야 더 옳은 판단을 할 수 있게 된다. 몸이 병들면 마음이 함께 병들고 마음이 병들면 몸을 추스르기 힘들다. 이처럼 서로 반대의 것처럼 보이는 대극은 서로 긴밀하게 연결되어 있어 한쪽으로 쏠리면 결국 전체의 힘을 잃어버리고 만다.

대한민국은 근본적인 균형을 잃은 사회이다. 일생을 살며 단 한 번의 쉼다운 쉼을 가져본 사람이 없을 정도로 일중독 사회이고 성취지향적인 가치를 중시한다. 그 속에서는 마음의 여유를 가지기도, 행복감을 느끼기도 힘들다. 성취지향적인 사회에서는 무언가 하지 않으면 자신이 뒤처지는 것 같아 죄책감이 들고 바쁘게 움직여야 잘살고 있다는 안도감이 든다. 하지만 이것은 잘살고 있는 것이 아니라 눈을 가린 채 길이 없는 곳으로 돌진하는 것과 같다.

지금 우리에게 필요한 것은 '위대한 멈춤'이다. 남들이 그럴듯하게 생각하는 위치를 향해 허겁지겁 뛰는 삶이 아닌, 내 삶을 조절하고 균형을 맞추는 능력이 필요하다. 새로운 하루를 시작하기 위해서 우리는 반드시 잠을 자야 한다. 그처럼 깨어나기 위해서는 스스로 멈추어야 하는 것이다.

1. 느긋한 마음으로 차를 마시거나 좋아하는 장소에서 쉼을 가져본 것은 언제인가?

2. 내 삶에서 균형이 깨진 부분이 있는지 생각해보자.

3. 내가 현재 에너지를 쏟고 있는 일들을 '피자' 자르듯 그 크기를 구분해서 그려보자. (예: 회사일 60퍼센트, 집안일 10퍼센트, 취미 10퍼센트, 자기계발 10퍼센트, 가족 5퍼센트, 친구 5퍼센트)

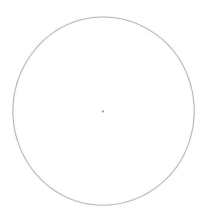

4. 위의 도표를 토대로 앞으로 개선해야 할 방향으로 일상을 재배분해보자.

  (새로운 카테고리 추가 가능)

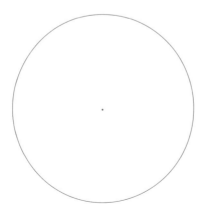

○●
울고 싶을 땐 마음껏 울어도 돼

> 울음을 부끄러워할 필요는 없다. 눈물은 한 사람의 가장 위대한 용기, 고통을 참고 견딜 수 있는 용기가 있음을 입증하기 때문이다. 이 사실을 알고 있는 사람은 얼마 되지 않는다.
>
> _ 빅터 프랭클, 《죽음의 수용소에서》 중에서

나는 태생적으로 눈물이 많다. 슬프거나 쓸쓸한 감정과 오랫동안 친하게 지내서 그런지 음악을 듣다가도 눈물이 흐르고 책이나 영화를 보다가도 나도 모르게 눈물을 머금을 때가 있다. 누군가의 앞에서 우는 것은 아직도 어색한 일이지만, 혼자 있을 때는 가끔 울곤 한다. 울고 나면 기분이 더 안 좋아지거나 슬플 법도 한데 이상하게도 마음의 얼룩이 깨끗이 지워진 것처럼 맑아지는 느낌이 든다.

눈물의 정화작용에 대해 고대 그리스인들은 이미 알고 있었던 걸까? 그들은 일부러 슬픈 연극을 만들어 무대에서 공연하며 관객을 울게 만들었다. 그렇게 한바탕 울고 나면 마음속에 뒤엉켜 있던 복잡한 기억이나 감정들이 하나둘 정화되면서 마음이 차분해졌다고 한다. 울고 난 이후에는 무엇이든 다시 해볼 용기와 자신감을 얻게 되었다. 이러한 눈물의 정화작용을 심리학에서는 흔히 '카타르시스'라고 부른다.

잘 울면 힘든 마음도 극복할 수 있고 다음 단계로의 도약도 할 수 있는데 우리는 이상하게도 우는 것을 창피하거나 나약한 것으로 생각해온 것 같다. 특히 남자들의 경우에는 눈물을 보이는 것이 마치 해서는 안 되는 일처럼 터부시해온 것이 사실이다. 남자들이 생물학적으로 눈물을 잘 흘리지 않는다는 증거는 어디에도 없다. 다분히 환경적인 영향에서 온 결과이다.

최근 연구소에 상담을 받으러 오는 이들 중에는 30~40대 남성들이 꽤 많다. 집에서는 힘든 감정을 얘기할 수 없고, 직장 동료나 친구에게 자신의 어두운 부분을 털어놓기도 쉽지 않기 때문에 자신과 개인적으로 아무 관계가 없는 전문가를 선호하는 편이다.

그들이 상담실을 찾은 대부분 이유는 직장 내에서의 업무 스트레스나 대인관계에서의 갈등 문제이다. 그들은 대화 도중에 감정이 격해진 나머지 주먹을 불끈 쥐기도 하고 큰 소리로 억울한 마음을 토로하기도 했다. 그들은 표정을 숨기는 데 능하지만 눈시울이 붉어지는 것을 나는 감지할 수 있었다. 남성들을 상담할 때 나는 그들에게 속으로 이야기한다.

'울고 싶으면 울어도 괜찮아요······.'

물론 그 말을 입 밖으로 꺼내지는 않는다. 혹여나 그들이 자존심 상해하거나 수치심을 느낄까 봐 걱정되어서이다. 우리 사회는 여성의 울음에 대해서는 비교적 관대하지만 남성의 울음에 대해서는 그렇지 않다. 그들은 슬퍼도 울 수 없고 억울하고 속상해도 울지 못한다. 그러고 보면 남자들은 참 외로운 존재들이다. 회사일을 마친 후에 삼삼오오 술집에 모여 앉아 소주잔을 기울이는 것도 어찌 보면 그것이 성인 남성이 감정을 위로받을 수 있는 유일한 통로이기 때문이 아닐까 싶다.

사실 남녀를 떠나 감정을 있는 그대로 드러내는 것에 대해 우리 모두는 자유롭지 못하다. 감정을 인식하기도 전에 누군가가 옳고 그름의 잣대를 댄다면 다음번에 어떤 감정이 올라와도 그 사람은 '이 감정은 나쁜 감정이야, 이 감정은 느끼면 안 돼' 하며 자신의 감정을 왜곡하거나 억압해버린다. 그렇게 감정이 표현되지 않은 채 가슴속에 꾹꾹 눌려 있으니 작은 사건에도 조율되지 않은 화가 치밀어 오르고, 상대에 대한 공격적인 발언을 하게 된다. 무엇이든 여유가 없이 꽉꽉 차면 언젠가는 뻥 하고 터져버리고 만다.

지금부터라도 우리가 해야 할 일은 자신의 감정을 인식하는 것이다. 내가 느끼는 감정이 무엇인지 인식되어야 표현도, 감정조절도 가능해진다. 감정을 올바로 인식하는 일은 생각보다 쉽지 않다. '감정'을 물어보면 사람들은 대부분 '생각'을 이야기한다. 누군가가 자신의 감정을 물어봐 주거나 읽어준 적이 없기 때문이다. 감정조절에 어려움을 겪는 사람이라면 자신의 감정을 하나씩 알아차리는 것부터 시작해야 한다. 이때 감정일기를 쓰는 것이 도움이 된다. 감정일기를 쓰는 방법에는 여러 가지가 있지만 가장 간단한 방법을 소개하고자 한다.

≈ 감정일기 쓰기 tip ··

1. 노트(휴대폰 메모장)에 오늘 있었던 일을 보통의 일기형식으로 끝까지 적는다.
2. 다 쓴 다음 각 구절에 괄호를 첨부하여 당시에 느꼈던 감정을 기록한다.
   (만약 자신이 가진 감정단어가 빈약하다면 인터넷에서 〈감정단어 목록〉을 찾아 활용하면 좋다.)

3. 내가 기록한 감정들 중에서 가장 강렬한 감정 세 개를 뽑아본다.

4. 감정 속에 반영된 나의 소망을 적어본다.

≈ 감정일기 예 ··

2018년 4월 2일

날씨: 눈치 없이 맑음

승진에서 누락되었다. (화남, 절망, 우울감, 억울함)

동기들 중에 승진이 안 된 사람은 나를 포함해서 세 사람뿐이다. (창피함, 패

배감, 슬픔)

처음 들어올 때부터 일도 내 적성에 맞지 않고 (무기력감, 이질감, 자괴감)

회사 사람들도 마음에 안 들었는데 (신경질 남, 소외감)

이참에 옮겨야 하나 싶다. (불안감, 두려움)

아침마다 몸은 무거워서 일어나기도 싫고 (무기력감, 우울감, 피곤함, 지침)

도살장에 끌려가는 기분이다. (질림, 거부감)

야근은 왜 이렇게 많은지…… (피곤함, 지침)

저녁이 있는 삶을 살고 싶다. (간절함)

이제 정말 지친다. (지침, 질림)

* 가장 주된 감정 세 가지는? <u>지침, 피곤함, 무기력감</u>

* 나의 소망은? <u>쉬고 싶다. 나에게 맞는 일을 찾고 싶다.</u>

    감정일기를 쓰는 것은 다소 번거로울 수 있지만 감정 해소에 많은 도움을 준다. 강렬한 감정이 올라올수록 크게 심호흡을 하고 차분하게 자신의 감정에 대해 읽어주는 작업을 하다 보면 미처 몰랐던 감정을 만나기도 하고 스스로를 이해하는 계기가 되기도 한다. 이렇듯 '감정 읽어주기'는 그동안 화나 짜증의 감정으로만 표출했던 것을 다양한 감정들로 세분화하도록 도와주며 감정 밑에 숨어 있는 깊은 욕구까지 알 수 있게 해준다.

    감정조절이 안 되는 것은 마음속에 무수히 많은 감정이 혼재된 채 엉켜서이다. 그러한 감정들을 분리하고 그것에 충분히 머무르는 연습을 하다 보면 자신을 고통스럽게 하던 감정으로부터 서서히 벗어나게 되고 주변 사람들과의 관계 또한 편안해진다. 내 진짜 감정과 만나는 연습을 오늘부터 해보는 것은 어떨까?

1. 현재 나를 힘들게 하는 일이 있다면 감정일기를 적어보자. (앞 페이지의 예시 참조)

2. 내가 느끼는 감정을 그림으로 표현해보자. (단, 감정을 죄악시하지 말고 솔직하게 드러낼 것)

○●

지금 나에게 필요한 건
나만의 '언어처방전'

"스크린도어가 닫힙니다."

남편에게 아이를 맡기고 오랜만에 친구와 시내에서 만나기로 한 날, 나는 약속에 늦지 않기 위해 지하철역 플랫폼으로 들어오는 열차를 향해 분주히 뛰었다. 오랜만의 외출이라 나름 멋을 부린답시고 높은 구두에 스커트를 입은 채로 달리니 제 속도를 내지 못하고 눈앞에서 결국 열차를 놓치고 말았다.

'차라리 뛰지나 말걸.' 등은 땀으로 흥건해지고 목은 타들어 가게 말랐다. 역사 내에 설치된 음료수 자판기를 찾아 천 원짜리 지폐 한 장을 넣고 평소 잘 마시지 않던 탄산음료 한 캔을 뽑아 마셨다. 목구멍을 타고 내려가는 음료수가 유난히 톡 쏘았다. 몇 모금 마시고 나니 달콤함이 입안에 머물러 다급했던 마음이 한층 가라

앉는 듯했다. 그제야 친구에게 조금 늦는다고 알리기 위해 휴대폰을 찾는 찰나, 그날 따라 입고 있는 재킷이 유난히 가볍다는 느낌을 알아차렸다.

혹시나 하는 마음에 재킷 주머니에 손을 넣는 순간! 내 머릿속은 하얘졌다. 집에서 정신없이 나오느라 거실에 휴대폰을 놔두고 온 것이다. 집에 다시 다녀오려니 친구를 한 시간 동안 기다리게 할 것 같고, 그렇다고 휴대폰 없이 약속장소인 광화문 광장으로 바로 가자니 친구와 길이 어긋날 것 같았다. 요즘은 친한 사람들의 전화번호조차 일일이 외우지 않다 보니 공중전화를 이용할 수도 없는 노릇이었다.

나는 자판기 옆에 붙어 있는 차가운 벤치에 앉아 잠시 주변을 바라보았다. 사람들은 어디를 그렇게 가는지 바삐 움직였고 지금 이곳에서 움직이지 않는 것은 나와 그리고 내 옆의 자판기 둘뿐이었다. 문득 조금 전 음료수를 뽑았던 자판기를 바라보았다. 종류별로 나열된 형형색색의 음료수 캔, 각종 껌과 초콜릿, 에너지드링크까지. 바쁜 현대인들이 기호에 따라 선택할 수 있도록 편리하게 진열되어 있었다. 아랫부분에는 따로 카테고리가 분류되지 않은 다섯 개의 버튼이 있었는데 넣을 만한 것이 없어서 비워놓은 상태 같았다. 나는 문득 이름이 없는 다섯 개의 버튼을 바라보며 이런 생각을 했다.

'삶에서 궁지에 몰릴 때 나에게 딱 맞는 언어처방전이 음료수처럼 툭 하고 떨어진다면 어떨까?'

가령 예를 들어 1번은 직장에서 상사에게 깨졌을 때 누르는 버튼, 2번은 사랑하는 연인과 싸웠을 때, 3번은 직장을 옮기고 싶을 때, 4번은 돈을 버는데도 계속 돈이 없을 때, 5번은 앞으로 무엇을 하고 살아야 할지 미래가 불투명할 때 누르는 버튼이다. 이러한 '언어처방전 자판기'는 삶이 흔들리고 어디로 갈지 몰라 불안한 사람들에게 작은 위로나 희망이 되어줄 수 있지 않을까 기대 섞인 상상을 해보았다.

실제로 프랑스에는 Short Story Dispenser라고 하는 '단편소설 자판기'가 지하철, 공항, 쇼핑몰 등에 설치되어 있다. 단편소설 자판기에서는 짧은 이야기 한 편이 마치 영수증처럼 기계에서 쑥 뽑혀 나오는데, 기계 위쪽에는 세 개의 버튼이 있다. 1분, 3분, 5분 중 자신이 원하는 버튼을 누르면 해당 시간 안에 읽을 수 있는 단편소설이 무작위로 출력된다. 단편소설을 전문으로 다루는 한 출판사가 길을 지나다니는 사람들이 짧은 이야기 한 편을 통해 행복감을 느꼈으면 하는 취지에서 이 자판기를 기획했다고 하는데 정말 기발한 아이디어가 아닐 수 없다.

만약 내가 프랑스에 산다면 매일 아침 출근길마다 이 자판기 앞에서 '오늘은 어떤 이야기가 나를 행복하게 해줄까?' 하며 설레는 마음으로 버튼을 누를 것 같다. 생각만 해도 행복한 출근길이다!

아침부터 밤까지 우리는 쉴 새 없이 온라인과 오프라인을 통해 누군가와 연결되어 있음에도 여전히 외롭고 공허하다. 카페에서 마주 앉은 상대와 커피 한 잔을 마시는 순간에도 우리의 눈과 손은 스마트폰 속의 또 다른 사람들과 대화하느라 분주하다. 내 앞의 누군가가 내 이야기에 귀를 기울이는지, 나와 눈을 마주치는지조차 알 수 없는 피상적인 만남을 반복하다가 결국 그러한 만남을 자제하기도 하고, 때로는 관계가 아닌 글 속에서 위안을 얻기도 한다.

디지털 시대에 글쓰기 시장은 퇴보할 것 같은데도 오히려 수년째 열풍을 일으키며 하나의 사회 흐름으로 안착했다. 직접 사람을 만나기 보다 글을 통해서 마음의 위안을 얻는 사람들이 늘고 있기 때문이다. 그것은 어찌 보면 피상적인 인간관계에 지친 현대인들의 자화상이 아닐까? 우리는 늘 누군가가 자신에게 진심을 담아 이야기해주기를 바란다.

"걱정하지 마. 지금 제대로 가고 있어. 그대로만 해도 충분히 잘하고 있는 거야."

"너는 이런 이런 사람이잖아. 그러니 이 길이 너에게 가장 좋은 길이야."

삶에 대한 깊은 혜안을 가진 사람, 혹은 전문적이고 믿을 만한 사람이 자신에 대해 조언해준다면 그야말로 금상첨화다. 인생에 있어 해답이란 존재하지 않지만 각자에게 맞는 최적의 답은 있게 마련이다. 하지만 그 답을 향해 가는 과정이 무척이나 고되고 때로는 그 길이 맞는 길인지조차 알 수 없어서 우리는 늘 방황한다. 세계적인 영적 스승들은 우리에게 '마음의 소리'를 들으라고 조언하지만 마음의 소리는 어디서 듣는 것인지, 어떻게 듣는 것인지 알 길이 없다.

나는 이와 같은 고민을 하는 사람들이 해볼 수 있는 한 가지 방법을 제안하고자 한다. 그것은 바로 스스로 자신만의 언어처방전을 처방하는 것이다. 방법은 의외로 간단하다. 이따금 고민이 올라올 때 A4 용지에 고민의 내용을 적고 그에 따른 내 기분과 욕구를 적어보는 것이다. 만약 당신이 퇴사를 고민하고 있다면 '나는 회사를 그만두고 싶다'고 적고, 그 밑에는 회사를 그만두는 것에 대한 내 느낌, 감정, 이유와 내가 원하는 감정 상태를 솔직하게 적는다. '해결'하려 하지 말고 내가 느끼는 감정의 흐름을 따라가 보길 바란다.

내가 회사 내에서 만족스럽지 않다고 생각되면 그렇게 적고 나의 욕구에 대해 생각해보아야 한다. 예를 들어 '나는 회사에서 내 뜻대로 일하고 싶어. 나는 주체적으로 해야 직성이 풀려'라는 생각이 들면 그대로 적으면 된다. 나만의 언어처방전은 결과가 중요하지 않다. 현재 내가 어떤 생각을 하고 있는지 상태를 파악하는 것만으로도 충분하다. 마지막에는 나를 조금 더 행복한 방향으로 이끌어주는 처방의 말로 마무리하면 된다. 예를 들어 '오늘은 생각을 많이 해서 피곤했을 테니 따뜻한 물로 샤워나 하고 푹 잠들 것' 등과 같이 말이다.

심리상담가로서 당신의 삶에 딱 한 가지 조언을 한다면, 어떤 선택을 하든 '당신을 아끼는 방향'으로 선택하라고 이야기하고 싶다. 우리는 모두 스스로 자신을 아끼고 돌볼 의무가 있다.

나만의 언어처방은 누군가가 나를 대신해서 써주는 것이 아니다. 남들이 나를 외면하거나 버틸 수 없어 주저앉아버릴 것 같은 순간에 끝까지 내 손을 잡아주어야 하는 것도 나여야만 한다. 삶에 대한 명쾌한 해답을 한번에 내리는 것보다 중요한 일은, 하루하루 조금씩 나를 알아가고 나와 친해지는 것이다. 나와 친밀한 사람은 자신에게 무슨 말을 해주어야 할지 안다. 오늘은 그동안 외면해온 나에게 말을 한번 건네보는 것은 어떨까?

1. 최근 나에게 가장 스트레스를 주는 일이 무엇인지 적어보자.

2. 지금 느끼는 감정은 무엇인가?

3. 30년 후의 내가 현재의 나에게 조언을 한다면 어떤 말을 해줄까? (대화하듯)

  * 30년 후 내 나이: 세

고유한 나로 산다는 것

내가 당신 마음에 들고 당신에게 중요해진 건 내가 당신에게 일종의 거울 같은 존재이기 때문이에요. 내 내면에는 당신을 이해하고 당신에게 답을 줄 수 있는 무언가가 있어요. 본래 모든 사람은 서로 상대를 위한 거울이어서 서로 답을 주고받고 서로 조응하는 거지요.

_ 헤르만 헤세, 《황야의 이리》 중에서

"저기 손님, 이곳은 VIP 고객님들만 출입하는 곳입니다. 일반 고객님은 아래층을 이용해주세요."

6년 전 난생처음 가본 청담동의 고급 미용실에서 나는 VIP 고객들만 출입할 수 있는 비밀통로에서 길을 잃었다. 대리석으로 둘러싸인 고급스러운 인테리어에 짙은 와인 빛깔의 벨벳 커튼으로 가려진, 마치 '밀실'을 연상케 하는 그곳은 호기심이 많은 나로 하여금 궁금증을 유발케 했다. 열어서는 안 되는 판도라의 상자를 열듯 조심스레 와인색 벨벳 커튼에 손을 올리는 순간 나는 직원에게 제지당하고 말았다. 그리고 그 뒤로 들려오는 익숙한 목소리. TV에서만 보던 톱스타 연예인이 누군가와 전화통화를 하기 위해 '밀실'에서 비밀통로로 걸어 나오고 있었다.

그녀의 손에 들린 휴대폰은 조막만 한 그녀의 얼굴보다 훨씬 커 보였고, 미용실 가운을 입었음에도 그녀에게서는 후광이 비치는 듯했다. 나는 마치 외국인을 처음 본 어린아이 마냥 신기해하며 그녀를 계속해서 응시했고, 이내 직원은 나를 '일반고객' 자리로 이동시켰다.

그날 따라 내 앞의 거울은 유난히 크고 화려해 보였다. 나는 거울 속에 비친 낯선 여인의 모습을 물끄러미 바라보았다. 어제의 피로가 가시지 않은 듯 눈 밑에 내려온 다크서클과 흔적만 엷게 남아 있는 민둥산 같은 눈썹, 사막보다 더 건조할 것 같은 푸석한 피부는 아무리 메이크업으로 가려도 결코 가려지지 않을 것 같았다. 내가 있는 곳은 청담동의 세련된 미용실이었지만 내 모습은 시골 읍내 오래된 미용실의 아낙처럼 초라하게 보였다.

최근 인터넷에 '카페인'이라는 줄임말이 유행하고 있다. 우리가 흔히 알고 있는 커피에 든 성분이 아니라, SNS의 대표주자인 카카

오톡, 페이스북, 인스타그램에 중독된 현상을 일컫는 말이다. 이러한 카페인을 끊을 수 없는 이유는 사람마다 다양하다. 자신의 일상을 자랑하듯 올리고 사람들로부터 '좋아요'를 받거나 댓글로 공감 받는 만족감으로 SNS를 하는 경우도 있고, 다른 사람의 일상을 엿보면서 대리만족하는 사람도 있다.

하지만 타인이 사는 모습을 엿보며 우리는 오히려 자괴감에 빠지거나 패배감을 느끼기도 한다. 나는 직장생활에 찌들어서 여행조차 다닐 수가 없는데 친구가 해외 휴양지에서 찍은 멋진 석양 사진, 비키니를 입은 채 여유롭게 칵테일을 마시고 있는 사진을 올리면 부럽기도 하고 친구와 비교되는 자신의 삶이 보잘것없이 느껴지기 때문이다. 여느 때처럼 친구에게 '좋아요'를 누르고 영혼 없는 댓글을 달아보지만 기분은 바닥을 친다.

사회심리학자 찰스 쿨리(Charles Cooley)는 '거울자아(Looking Glass Self)'라는 개념으로 사회적 인간을 설명했다. 인간은 다른 사람들이 바라보는 내 모습, 혹은 그들이 나에게 기대한다고 생각되는 모습을 내 모습으로 인식하여 자아상을 형성해간다는 뜻이다. 즉, 타인이 나의 행동을 긍정적으로 인정해주면 자신을 긍정적으로 인식하고, 부정적으로 평가한다고 느끼면 내 자아상도 부정적으로 인식하게 된다.

SNS 상의 '좋아요'나 '댓글'을 통해 자신을 근사하고 괜찮은 사람으로 여기기도 하고 반대로 자신을 부족하거나 보잘것없는 사람으로 인식하기도 하는데, 이렇듯 타인에게 듣는 자신에 대한 평가를 참고하여 '나'라는 사람을 정의 내리는 것은 거울자아의 대표적인 예다.

스스로 자신이 어떤 사람인지 규정짓고 자존감을 지킬 수 있다면 가장 건강하고 바람직하겠지만, 인간은 사회적 존재이기 때문에 타인이 바라보는 시선과 평가에서 자유로울 수 없다. 오로지 누군가로부터 인정받기 위해 삶을 살아가는 것은 아니지만 그렇다고 해서 어느 누구의 인정도 받지 못한 채 살아간다면 그것은 외롭고 고립된 삶이 될 수 있다. 또한, 거울자아를 완전히 거부하면 때로는 개념 없는 사람이 되기도 한다.

타인이 바라보는 나와 스스로가 생각하는 나 사이의 괴리가 클 때 우리는 심리적 혼란을 겪는다. 마치 사람들 앞에서 연기하며 사는 것처럼 늘 마음이 불편하다. 최근 내가 운영하는 심리연구소에 상담을 받으러 오는 사람들을 가만히 살펴보면 이러한 이유로 자아상에 혼란을 겪는 경우가 많았다. 혼재된 자아상에 대해 불편한 마음을 느끼면 그나마 다행이다. 타인이 바라보는 대로, 혹은 타인이 요구하는 대로 사는데도 전혀 인식을 못하는 경우도 허다하다.

비록 우리가 사회 속에서 자아상을 형성해가는 존재이긴 하지만, 타인이 바라보는 내 모습을 무조건 수용하기보다 그것들을 면밀히 살펴보고 받아들일 필요가 있다. 타인은 내가 가진 모습의 일부만 보고 나를 평가한다. 또한, 그들 각자가 가진 프레임대로 현상을 바라보기 때문에 그들이 보는 모습은 내 본연의 모습과 다를 수 있다. 오로지 다른 사람이 규정하는 '나'로 인식하며 평생을 사는 것은 바람직하지 않다. 그들의 생각을 참고는 하되, 그 안에서 나를 정의 내리는 것은 '나'여야만 한다.

현대 사회의 무수한 정보와 시각적 자극 속에서 고유한 나로 살아가기 위해서는 자기 성찰의 시간을 충분히 가지며 나에 대한 개념을 스스로 정립해나갈 필요가 있다. 사회가 나에게 매긴 순위에 굴복하며 살아가거나 타인이 나에게 씌우는 가면을 쓴 채 살아간다면 개인의 진정한 행복은 머나먼 일이 될 것이다. 자기 인생의 VIP가 되는 일은 자신에게 달려 있다.

너도 나도 상처받지 않는
적당한 거리

초판 1쇄 발행 2018년 4월 27일
초판 3쇄 발행 2019년 7월 15일
지은이 김소원

펴낸이 민혜영 ㅣ **펴낸곳** (주)카시오페아 출판사
주소 서울시 마포구 성암로 223, 3층(상암동)
전화 02-303-5580 ㅣ **팩스** 02-2179-8768
홈페이지 www.cassiopeiabook.com ㅣ **전자우편** editor@cassiopeiabook.com
출판등록 2012년 12월 27일 제2014-000277호
외주편집 이하정 ㅣ **디자인** 석혜진

ISBN 979-11-88674-13-8 03190

이 도서의 국립중앙도서관 출판시도서목록(CIP)은 서지정보유통지원시스템 홈페이지(http://seoji.nl.go.kr)와
국가자료공동목록시스템(http://www.nl.go.kr/kolisnet)에서 이용하실 수 있습니다.
CIP제어번호: CIP2018010183

• 잘못된 책은 구입한 곳에서 바꾸어 드립니다.
• 책값은 뒤표지에 있습니다.